7 ESTRATEGIAS PARA ALCANZAR RIQUEZA Y FELICIDAD

JIM ROHN

7 ESTRATEGIAS PARA ALCANZAR RIQUEZA Y FELICIDAD

Lecciones poderosas del mentor
de Tony Robbins sobre
cómo alcanzar tus metas

TALLER DEL ÉXITO

7 estrategias para alcanzar riqueza y felicidad

Copyright © 2019 - Taller del Éxito - Jim Rohn

Versión original: *7 Strategies for wealth and happiness*
Copyright © 1985, 1996 by Jim Rohn
This translation published by arrangement with Harmony Books,
an imprint of the Crown Publishing Group, a division of Penguin Random House LLC.

Traducción al español: Copyright © 2018 Taller del Éxito, Inc.

Reservados todos los derechos. Ninguna parte de esta publicación puede ser reproducida, distribuida o transmitida por ninguna forma o medio, incluyendo: fotocopiado, grabación o cualquier otro método electrónico o mecánico, sin la autorización previa por escrito del autor o editor, excepto en el caso de breves reseñas utilizadas en críticas literarias y ciertos usos no comerciales dispuestos por la Ley de Derechos de Autor.

Publicado por:
Taller del Éxito, Inc.
1669 N.W. 144 Terrace, Suite 210
Sunrise, Florida 33323
Estados Unidos
www.tallerdelexito.com

Editorial dedicada a la difusión de libros y audiolibros de desarrollo y crecimiento personal, liderazgo y motivación.

Traducción y corrección de estilo: Nancy Camargo Cáceres
Diagramación: Joanna Blandon
Diseño de carátula: Diego Cruz

ISBN: 978-1607-387701

25 26 27 28 29 R|GIN 18 17 16 15 14

Contenido

Introducción
Una experiencia transformadora..9

Capítulo uno
Cinco palabras clave 15

Primera estrategia
Descubre el poder de tener objetivos claros

Capítulo dos
Objetivos: La verdadera motivación..31

Capítulo tres
Qué hacer para establecer objetivos en nuestra vida.......................43

Capítulo cuatro
Cómo hacer para que tus objetivos trabajen para ti.......................51

Segunda estrategia
Busca la sabiduría

Capítulo cinco
Transitando por el sendero de la sabiduría...................................65

Tercera estrategia
La disciplina del cambio

Capítulo seis
Frutos del desarrollo personal..83

Cuarta estrategia
Organiza tus finanzas

Capítulo siete
Hacia la libertad financiera..107

Quinta estrategia
Administra tu tiempo

Capítulo ocho
Sé sabio en el manejo de tu tiempo.....................................133

Sexta estrategia
Relaciónate con triunfadores

Capítulo nueve
El Principio de Asociación...155

Séptima estrategia
Conoce las maravillas del arte de vivir bien

Capítulo diez
Cómo llevar una vida más enriquecedora............................165

Capítulo once
El día en que el rumbo de tu vida cambiará........................179

Acerca del autor..189

Introducción

Una experiencia transformadora

Poco después de haber cumplido 25 años, tuve la buena fortuna de conocer a Earl Shoaff. Y en ese entonces, no pasó por mi mente ni la más remota idea acerca de qué tanto cambiaría mi vida aquel encuentro.

Hasta ese momento, mi vida había sido como la de la gran mayoría de la gente que lleva una existencia gris, alcanzando pocos logros y recibiendo destellos de felicidad de vez en cuando.

Mis primeros años fueron maravillosos. Me crie en el precioso entorno de una pequeña comunidad granjera al suroeste de Idaho, a poca distancia de la orilla del río Snake. Y cuando me fui de casa, iba lleno de esperanzas por conseguir el "Sueño Americano".

Sin embargo, las cosas no salieron tal y como yo esperaba. Después de graduarme en la escuela secundaria, fui directo a la universidad. Esa dicha fue breve, pues al final del primer año, decidí que ya había aprendido lo suficiente y abandoné mis estudios.

Esta decisión resultó siendo un grave error —por no decir que uno de los mayores errores que cometí durante mis primeros años de juventud—. Todo por el hecho de que, por aquél entonces, no hallaba la hora de comenzar a trabajar y ganar dinero; pensaba que no tendría ningún problema en conseguir empleo, lo cual resultó ser cierto. Encontrar *trabajo* no fue difícil (todavía me hacía falta descubrir la diferencia que existe entre apenas ganarse la vida y construir un proyecto de vida verdaderamente exitoso).

Poco después, me casé y, como todo típico marido, le hice montones de promesas a mi esposa sobre el maravilloso futuro que nos esperaba a la vuelta de la esquina. Después de todo, yo era ambicioso, muy sincero sobre mi deseo de triunfar y, además, trabajaba duro. Y según todo eso, lo más lógico era que ¡el éxito estuviera asegurado!

O eso creía yo...

Así que, cuando cumplí 25, había estado trabajando durante 6 años y decidí hacer el balance acerca de cuál había sido mi progreso hasta ese punto. Tenía la continua sospecha de que las cosas no iban del todo bien. En aquel tiempo, mi sueldo semanal ascendía a un total de $57 dólares y con ese ingreso no cubría las grandes promesas que le hice a mi esposa, ni tampoco las múltiples cuentas que se nos acumulaban sobre nuestra raquítica mesa de la cocina.

Para entonces, ya era padre y me sentía asfixiado por las responsabilidades cada vez mayores que demandaba mi familia, que iba en continuo crecimiento. Pero, sobre todo, me di cuenta de que, poco a poco, me había estado conformando frente a la posibilidad de aceptar en silencio mi escasa fortuna.

En un momento de lucidez, empecé a ver que, en lugar de progresar, mis finanzas estaban yendo cada vez más en retroceso con el paso de los días. Fue evidente que algo tenía que cambiar, pero ¿qué y cómo?

Pensé que, quizás el solo hecho de trabajar mucho no sería lo que habría de llevarme donde yo quería. Esta verdad fue un descubrimiento impactante para mí, dado que fui educado con el lema de que la recompensa les llega a los que se ganan el pan con el sudor de su frente.

Fue más claro que el agua que, a pesar de que yo estaba sudando la gota gorda, iba camino a terminar como tantas personas de 60 años y más que he visto a mi alrededor: arruinadas y con necesidades asistenciales. Esta idea me aterró. De ninguna manera esa sería la clase de futuro que yo enfrentaría, ¡no en el país más rico del mundo!

Así las cosas, de pronto, me vi invadido de más preguntas que respuestas. ¿Qué debía hacer? ¿Cómo podría cambiar el rumbo de mi vida?

Entonces, pensé en volver a estudiar, pues, siendo sincero, un solo año de universidad no era una credencial muy completa de formación académica, ni tampoco un gran aporte en una solicitud de empleo. Pero, por otro lado, con una familia a la cual mantener, volver a la universidad parecía un hecho casi imposible de cumplir.

Ante esto, evalué la posibilidad de empezar un negocio. Era una opción interesante, pero, por supuesto, no tenía el capital necesario.

Por donde lo mirara, el dinero era uno de mis mayores problemas: cuando el dinero se me terminaba, siempre me quedaba mucho mes por delante y obligaciones por cubrir (¿alguna vez te has visto en esta misma situación?).

Un día, perdí $10 dólares. Eso me perturbó de tal manera, que estuve enfermo durante dos semanas. ¡Por un billete de $10 dólares!

Uno de mis amigos trató de animarme diciendo: "Mira, Jim, tal vez se lo encontró alguna pobre alma que lo necesitaba mucho más que tú".

Créeme cuando te digo que esa posibilidad no me animó ni en lo más mínimo. Por lo que a mí respecta, era yo la persona que más necesitaba encontrarse los $10 dólares, no perderlos. (Debo admitir que, en ese momento de mi vida, la abundancia no me había alcanzado todavía).

Así que, era ahí donde yo me encontraba a mis 25 años, alejado de mis sueños y sin la menor idea de cómo cambiar mi vida para que fuera mejor.

Por fin, un día memorable la fortuna se cruzó en mi camino. ¿Por qué apareció en ese momento de mi vida? ¿Por qué las buenas cosas suceden en determinado momento y no antes, ni después? En realidad, no lo sé. Para mí, las respuestas a estas preguntas son parte del misterio de la vida...

Lo cierto del caso es que mi buena fortuna llegó cuando conocí a Earl Shoaff. La primera vez que lo escuché fue durante una ronda de conferencias sobre ventas en las que él estuvo a cargo de desarrollar uno de sus seminarios. No podría decir con exactitud qué fue lo que él dijo esa noche que me cautivó tanto, pero lo que sí recuerdo a la perfección es que al escucharlo pensé que hubiera dado cualquier cosa por ser como él.

Al final del seminario, necesité reunir todo el coraje que había dentro de mí para acercármele y presentarme. Y a pesar de mi torpeza, él debió percibir mi deseo genuino por triunfar. Se mostró amable y generoso hacia mí y terminamos congeniando muy bien. Tanto, que unos meses más tarde, me contrató para unirme a su equipo de ventas.

Durante los siguientes cinco años, Shoaff me enseñó numerosas lecciones de vida. Me trató como a un hijo. Pasaba horas enteras enseñándome sobre diversos aspectos de su filosofía personal, los mismos que ahora yo llamo *7 estrategias para alcanzar riqueza y felicidad.*

De pronto, un día, a la edad de 49 años y sin previo aviso, Shoaff murió.

Después de superar el dolor que me causó el hecho de perder a mi mentor, me tomé un tiempo para evaluar el impacto que él tuvo sobre mi vida y comprendí que lo mejor que recibí de su parte no fue el trabajo que me brindó, ni tampoco la oportunidad que me dio para pasar de ser un simple aprendiz en el campo de las ventas a ocupar el cargo de vicepresidente ejecutivo de su compañía. Sin lugar a duda, lo más valioso que aprendí a su lado fue la sabiduría de su filosofía de vida y los principios básicos para vivir con éxito siendo próspero y feliz.

Durante los siguientes años, incorporé todas esas ideas a mi vida... y, efectivamente, prosperé. De hecho, hice mucho dinero. Sin embargo, y a pesar de esa dicha, lo más gratificante de esa experiencia fue contar con la posibilidad de compartir con mis socios y empleados todo lo que aprendí al respecto. Sus respuestas fueron entusiastas y los resultados, inmediatos y medibles.

Fue entonces cuando, aunque me veía a mí mismo como un hombre de negocios y no como un autor o un orador, me sentí atraído por el reto de comunicarles a los demás, de manera sencilla y directa, esos conceptos que marcan la diferencia con respecto a darle un giro positivo a nuestra vida.

* * *

A medida que avances en la lectura, imagínate que vas de compras y toma y utiliza solo aquellas ideas que sean aplicables para ti en este momento de tu vida. Ciertamente, no tienes que quedarte con todo lo que te digan, pero date una oportunidad. Lee las siguientes páginas con mente abierta; si ves que alguna propuesta tiene sentido para ti, aprópiate de ella y experiméntala; si no, descártala.

Y recuerda: en cualquier cosa que hagas, sé un estudioso, no un seguidor a ciegas.

Capítulo uno

Cinco palabras clave

Todas las ideas presentadas a lo largo de esta lectura tienen su origen en un conjunto de palabras clave. Por lo tanto, para entenderla bien y estar preparado para recibir el máximo valor de su contenido, es imprescindible que tú y yo estemos de acuerdo con respecto al significado de cada una de ellas. Veamos:

FUNDAMENTOS

Primero que todo, echémosle un vistazo al término "fundamentos". Defino "fundamentos" como aquellos principios básicos sobre los cuales se construyen todos los logros.

Los fundamentos forman el principio, la base y la realidad desde la cual surge todo lo demás.

Sería una contradicción de términos hablar de fundamentos nuevos; es algo así como si alguien afirmara haber fabricado antigüedades nuevas; tal hecho resultaría sospechoso, ¿no es cierto? Lo que quiero ilustrar es que los principios fundamentales son conceptos antiguos y siempre han sido los mismos desde los tiempos bíblicos y lo seguirán siendo hasta el final de los tiempos.

Entendiendo esto, usemos la palabra "fundamentos" y apliquémosla al concepto de éxito: es incuestionable que si estás buscando un éxito con fundamento, de aquel que perdura en el tiempo, será primordial construirlo sobre cimientos sólidos. A este respecto, es aconsejable que evites respuestas extravagantes. Y créeme, hoy en día, encontrarás un montón de respuestas exóticas; sobre todo, donde yo resido, en el sur de California.

Así pues, a pesar de los rumores que sostienen lo contrario, el éxito es un proceso sencillo que no cae del cielo, ni es mágico, ni misterioso.

El éxito no es más que la consecuencia natural de aplicar constantemente nuestros fundamentos en la vida.

Esto mismo puede decirse acerca de la felicidad y la riqueza: las dos no son más que consecuencias naturales de la aplicación constante de nuestros fundamentos.

La clave está en centrarnos en ellos.

Media docena de cosas

En cierta ocasión, Earl Shoaff, mi mentor, me dijo: "Jim, siempre hay media docena de cosas que suponen el 80% de la diferencia".

"Media docena de cosas"... qué pensamiento más clave.

Ya sea que estemos trabajando en mejorar nuestra salud, en aumentar nuestra riqueza o nuestra realización personal o profesional, la diferencia entre el éxito triunfante y el amargo fracaso radica en nuestro grado de compromiso en buscar, estudiar y aplicar esa *media docena de cosas*.

Por ejemplo, para que un agricultor obtenga abundante cosecha en otoño, él deberá concentrarse en media docena de cosas básicas que, al observarlas, resultan bastante obvias: la tierra, las semillas, el agua, el sol, el abono y los cuidados. Cada componente es igual de importante, ya que solo la sabia combinación de todos ellos dará como resultado una cosecha exitosa.

Por lo tanto, una buena pregunta que deberíamos hacernos antes de emprender cualquier proyecto y establecer objetivos es la siguiente: ¿Cuál es esa media docena de cosas que marcarán la diferencia en el resultado que obtendré? Tanto si se trata de una empresa de bellas artes o de música, de matemáticas o de física, de deportes o de negocios, lo que cuenta es esa media docena de cosas fundamentales.

La comprensión y la aplicación de este sencillo principio es el primer paso inteligente para lograr tus sueños y objetivos.

RIQUEZA

La segunda palabra clave a definir es riqueza. Se trata de una palabra polémica, ya que trae a la mente una gran variedad de imágenes y conceptos que muchas veces resultan contradictorios. Después de todo, cada uno de nosotros ve la riqueza desde una perspectiva diferente. Para algunos, tener riqueza significa contar con suficiente dinero para hacer lo que ellos desean. Para otros, riqueza es estar libre de deudas y de obligaciones constantes. Y para otros, es la oportunidad de crecer y alcanzar sus objetivos.

Pero es de esta diversidad de conceptos que surge la creatividad que nos ayuda a encontrar nuestra forma genuina de trabajar en pos de una vida repleta de abundancia.

Es probable que para la mayoría de la gente que no ha pasado demasiado tiempo reflexionando sobre este asunto, la riqueza esté simbolizada en un solo término: *millonario*. ¡Realmente, esta sí que es una palabra excitante! Ser millonario suena a disfrutar de éxito, libertad, poder, influencia, placeres, posibilidades y benevolencia. Sin duda, ser millonario no es una idea a la cual rechazar.

Del mismo modo, la palabra riqueza encarna algo más que conceptos económicos. Es posible hablar de riqueza en cuanto a experiencia, amistad, amor, vida en familia y hasta de riqueza cultural.

Sin embargo, para el propósito que nos ocupa en esta lectura, nos centraremos en el tipo de riqueza que trae consigo la libertad financiera, *de la riqueza que surge de la conversión de esfuerzo e iniciativa en dinero y capital.*

Para cada uno de nosotros, la cantidad específica requerida para sentirnos ricos suele ser diferente. Sin embargo, estoy seguro de que nuestro sueño básico es el mismo: sentirnos libre de presiones financieras, disfrutar de la libertad de elección y de la oportunidad de crear y compartir.

¿Qué significa la riqueza para ti? ¿Cuánto dinero necesitarías para ser financieramente libre? Preguntas como estas no son en vano.

Como verás más adelante, cuanto más definidos estén tus propios conceptos acerca de la riqueza material, más útiles te serán las ideas expuestas en este libro.

FELICIDAD

La Felicidad implica una búsqueda universal y suele acompañar a toda actividad positiva.

Sin embargo, al igual que la riqueza, la felicidad también tiene una variedad de significados que, a menudo, resultan contradictorios. Existe felicidad en el descubrimiento y también en el saber. A menudo, la felicidad acompaña a quienes son plenamente conscientes de los colores, los sonidos y la armonía de la vida.

Y es la felicidad la que va con aquellos que diseñan laboriosamente su vida y luego la viven con arte.

La felicidad es la habilidad de reaccionar con comprensión y disfrute a lo que nos ofrezca la vida.

Se consigue con dar y recibir, cosechar y otorgar. Es la capacidad para disfrutar tanto de la armonía como de la comida; de las ideas como del pan.

La felicidad les llega a los que expanden deliberadamente sus horizontes y experiencias. Reside en los hogares de aquellos que tienen la capacidad de manejar los fracasos sin perder su sensación generalizada de satisfacción. Pertenece a los que mantienen bajo control tanto las circunstancias que los rodean como sus emociones.

Sentir felicidad es sentirse libre de las consecuencias negativas de sentimientos como la preocupación, la baja autoestima, la envidia, la codicia, el resentimiento, los prejuicios y el odio.

Los que experimentan felicidad a menudo tienen la comprensión y la conciencia del enorme potencial y del positivismo de la vida y del amor.

Pero la felicidad es más que un sentimiento general. También es un *método de pensamiento* que organiza sentimientos, actividades y estilo de vida. En otras palabras, la felicidad es una forma de interpretar el mundo y sus acontecimientos.

Ser feliz es tener nuestros valores en equilibrio. Es la satisfacción con nuestras tareas diarias, incluyendo también las ingratas, aquellas de las que muy pocos nos libramos.

La felicidad consiste en llevar una vida bien vivida; es saber rodearnos de gente con sustancia. Es juntar una amplia variedad de experiencias y recuerdos que se convierten en un capital que no tiene precio.

La felicidad es una actividad con propósito. Es amor en ejercicio. Es tener comprensión de lo obvio y temor a lo misterioso.

Sin embargo, la mayoría de la gente piensa en la felicidad como en un sentimiento que se perdió en el pasado, como la cima a la que hay que llegar en un futuro lejano ("voy a ser feliz tan pronto como... "). Pocos se dan cuenta de que la felicidad se experimenta solo en el ahora. Y sí, como todo lo bueno, la felicidad es a veces esquiva. Pero te prometo que no es imposible de alcanzar.

Entonces, ¿cómo accedemos a la felicidad? Pues, curiosamente, comprendiendo y aplicando un concepto que rara vez asociamos a la felicidad: la disciplina.

DISCIPLINA

Si existe un ingrediente indispensable para tener éxito en la búsqueda tanto de la riqueza como de la felicidad, este es el de la disciplina. Y, sin embargo, al exponer este concepto, la mayoría de la gente lo rechaza mientras evoca imágenes de todo tipo, desde la de un sargento con voluntad férrea hasta la de una maestra estricta agitando una regla.

No obstante, te aseguro que desarrollar el hábito de la disciplina es la llave hacia el cumplimiento de tus sueños y aspiraciones. Si esto te sorprende, entonces quizá deberíamos tomarnos un instante para definir lo que se entiende por disciplina.

La disciplina es el puente que existe entre nuestras ideas y nuestros logros. Es el pegamento que une la inspiración a los resultados. Es la magia que convierte la necesidad financiera en la creación de una inspirada obra de arte.

La disciplina les llega a quienes son conscientes de que, para que una cometa vuele, debe levantarse con el viento en contra; a quienes creen que todas las cosas valiosas se consiguen si están dispuestos a nadar a contracorriente; a los que piensan que ir sin rumbo por la vida solo conduce a la amargura y a la decepción.

La disciplina es la base, los cimientos sobre los que construirás todos y cada uno de tus éxitos. La falta de disciplina te conducirá inevitablemente al fracaso.

Sin embargo, es curioso, pero muchos no asocian su falta de disciplina con su falta de éxito. La mayoría de la gente se imagina el fracaso como un acontecimiento trascendental, por ejemplo, una empresa que quiebra o el embargo de una casa.

No obstante, el fracaso no ocurre así. Rara vez, es el resultado de un suceso aislado. Por el contrario, es una consecuencia de una larga lista de pequeños fracasos acumulados en el tiempo a causa de la falta de la disciplina necesaria.

El fracaso se produce cada vez que no somos capaces de pensar... en el día de hoy, de actuar hoy mismo, de prestar atención, esforzarnos, remontar, aprender o, simplemente, continuar hacia adelante... en el día de hoy.

Si hoy tu objetivo requiere que escribas diez correos y escribes solo tres, hoy te quedaste rezagado en siete correos.

Si hoy te comprometiste a hacer cinco llamadas e hiciste solo una, hoy estás atrasado en cuatro llamadas.

Si tu plan financiero requiere que hoy ahorres $10 dólares y no ahorraste ni $1, hoy adquiriste una deuda de $10 dólares.

El peligro llega cuando analizamos un día desperdiciado y nuestra conclusión es que no sucedió nada malo en él. Después de todo, es solo un día. Sin embargo, suma todos estos días hasta completar un año y luego suma todos estos años a lo largo de la vida y tal vez verás cómo, poco a poco, la repetición de esos pequeños fracasos en el día de hoy irá transformando tu vida en un desastre mayor.

El éxito sigue exactamente el mismo patrón, pero a la inversa; si planeas hacer 10 llamadas, y vas más allá de tus previsiones y terminas haciendo 15, estarás por delante en 5 llamadas telefónicas en el día de hoy. Haz lo mismo con tu correo y con tu plan de ahorro, y pronto verás los frutos acumulados con diligencia en un año y quizás a lo largo de toda tu vida.

La disciplina es la llave maestra que nos abre las puertas hacia la riqueza, la felicidad, la cultura, la sofisticación, la alta autoestima, a todos los grandes logros, a los sentimientos de orgullo y satisfacción y al éxito.

¿Qué necesitas para adquirir disciplina?

En primer lugar, se requiere que seas plenamente consciente de la importancia que representa la disciplina en tu vida. Empieza por preguntarte: "¿Qué quiero lograr en mi vida? ¿Qué cambios necesito implementar para alcanzar mis objetivos?".

En segundo lugar, pregúntate con toda la honestidad del caso: "¿Estoy dispuesto a realizar el esfuerzo requerido?". Si tu respuesta es "sí", entonces necesitas hacer un compromiso a largo plazo contigo mismo para mantener tu disciplina de manera sabia, deliberada y consistente.

Por último, ten siempre en cuenta que tu compromiso será puesto a prueba cuando surjan circunstancias que lo afecten directamente; entonces, tendrás que actuar bien sea que llueva o haga sol.

Ciertamente, tu disciplina hará mucho por ti, pero mucho más importante será lo que hará contigo: hará que te sientas satisfecho contigo mismo.

Incluso la disciplina más pequeña puede tener un efecto increíble en tu actitud. Y la buena sensación que tienes sobre ti mismo —esa creciente sensación de autoestima que proviene de iniciar una nueva disciplina— es casi tan buena como el sentimiento que proviene de cumplir con esa disciplina.

Una nueva disciplina cambia de inmediato el rumbo de una vida, igual que un barco cuando vira en medio del océano y se dirige hacia un nuevo destino.

Hay quienes creen que la disciplina es una práctica antinatural; sienten que con el simple hecho de vivir ya es suficiente; consideran la necesidad de logro como una conducta neurótica inventada por el ser humano. Sin embargo, lo cierto es que la disciplina coopera con la naturaleza, donde todo se esfuerza por crecer.

¿Hasta dónde crecerá un árbol? Este combate la poderosa fuerza de la gravedad y, a pesar de todo, continúa extendiéndose hacia arriba, hacia la luz del sol, esforzándose para llegar a ser tan alto como le sea posible. Ciertamente, este esfuerzo que hace el árbol no es un acto consciente (los árboles no tienen cerebro), pero a ti y a mí nos ha sido dada la capacidad de elegir a consciencia si nos esforzaremos o no para llegar a ser todo lo que podamos ser.

La disciplina atrae las oportunidades y las más interesantes se les aparecen, sin lugar a dudas, a quienes han desarrollado ciertas habilidades y poseen la ambición necesaria para poner manos a la obra y actuar. Y aquellos que a través de su disciplina y compromiso se exijan estándares más altos se apropiarán de las oportunidades que siempre permanecerán ocultas para las almas más tímidas.

La disciplina es ese singular proceso de pensamiento inteligente combinado con acción que frena el mal temperamento y deja fluir la valentía necesaria para ejecutar acciones positivas y controlar los pensamientos negativos, esa que fomenta el éxito y que se niega a aceptar el fracaso, la que promueve la salud y frena la enfermedad.

Todos tenemos la capacidad de iniciar el proceso de ser disciplinados y podemos hacerlo gradualmente, paso a paso.

La excelente noticia es que... ¡podemos empezar hoy mismo!

No digas: "Si pudiera, lo haría". Mejor, di: "Si quisiera, podría, ¡si quiero, puedo!".

Así que, empieza el nuevo proceso, hazlo poco a poco. Luego, esfuérzate hasta conseguir adherirte a ese nuevo compromiso. Con este principio, que pareciera sin importancia aparente, aprenderás qué se siente ser disciplinado. Y a partir de ahí, el cielo es el límite.

Acción versus autoengaño

En los últimos años, se ha publicado un buen puñado de libros que promueven la idea de que, si uno afirma verbalmente lo que quiere tener en su día a día, el éxito surgirá como por arte de magia.

Yo me opongo por completo a este modo de pensar. Según mi experiencia, las afirmaciones llevadas a cabo sin disciplina hacen que nos engañemos a nosotros mismos pensando que estamos progresando cuando la realidad es que nuestras actividades diarias no nos están llevando a ninguna parte.

¿Por qué la gente dice una cosa y luego actúa en directa contradicción con sus afirmaciones?

La persona que sueña con tener riquezas y, sin embargo, camina todos los días hacia el desastre financiero, así como la que desea felicidad y luego tiene pensamientos y acciones que la llevan hacia la desesperación, ambas son víctimas de la falsa esperanza que tienden a fabricar las afirmaciones. ¿Por qué? Porque las palabras calman y, como un narcótico, nos arrullan hacia un estado de complacencia. Recuerda esto: *para progresar, ¡tienes que ponerte en marcha!*

Por lo tanto, para tener una vida próspera, inicia un plan de prosperidad; para llegar a ser rico, desarrolla un plan de riqueza. Recuerda, no tienes por qué ser rico para llegar a serlo; toda persona sin medios tiene la capacidad para confeccionar un plan para hacerse rica.

Existen otros tipos de planes que también eres capaz de implementar:

- Si estás enfermo, empieza un plan de salud.
- ¿Te sientes constantemente cansado? Entonces inicia tu plan para llegar a sentirte con más energía que nunca.
- ¿Sientes que tu formación no está al nivel que te gustaría? ¡Correcto! Inicia un plan de formación.
- ¿Sueles decir que no puedes? Entonces inicia el plan "yo sí puedo".

¡TÚ PUEDES! ¡TODOS PODEMOS!

Hasta la persona más débil puede empezar a fortalecerse y andar. La clave: dar un paso hoy mismo. Cualquiera que sea tu proyecto, comiénzalo hoy.

Despeja el cajón de tu nuevo escritorio ¡hoy mismo!
Establece tu primer objetivo ¡hoy mismo!
Escucha audios de motivación ¡hoy mismo!
Inicia un plan de pérdida de peso razonable ¡hoy mismo!
Consigna tu dinero en tu nueva cuenta de inversión para el ahorro ¡hoy mismo!
Escribe ese correo que siempre postergas ¡hoy mismo!

¡Vamos! ¡Impúlsate con tu próximo compromiso hacia la buena vida! Identifica cuál es esa cantidad de actividades que podrías comenzar a desarrollar para cumplir esa nueva meta. Saca lo mejor de ti. Libérate de la gravedad que te lleva hacia abajo y pon a funcionar tus propulsores. Demuéstrate a ti mismo que la espera ha terminado y que la falsa esperanza es cosa del pasado.

Hoy es un nuevo día, el inicio de una nueva vida. Si te disciplinas, te sorprenderás de lo mucho que eres capaz de progresar. ¿Qué tienes que perder, excepto la culpa y el miedo del pasado?

Ahora, te presento este reto: haz que este día, el primer día de marcha, forme parte de una semana de nuevos comienzos.

Ve hacia adelante, fíjate en la cantidad de cosas con las que puedes empezar y sigue disfrutando de tu semana de nuevos comienzos.

Luego, convierte este mes en el mes de nuevos comienzos y que este también sea el año de nuevos comienzos. En el momento en el que hayas completado tu primer año, ya nunca más te atrapará tu pasado: ni hábitos de tu pasado, ni influencias pasadas, ni arrepentimientos del pasado, ni tus fracasos pasados. Como dice la Biblia, ahora estarás preparado para "volar como las águilas".

Éxito

Éxito es la quinta palabra clave. Y, al igual que cada uno de los conceptos analizados hasta ahora, consta de múltiples capas de significado.

El término éxito también es esquivo, una paradoja; después de todo, es a la vez un viaje y un destino, ¿no es así?

Es el firme y medible progreso hacia una meta; el logro de un objetivo.

El éxito es tanto un logro como la sabiduría propia de quienes comprenden el potencial del poder de la vida. Es la toma de conciencia de nuestros valores; es comprender que debemos cultivarlos a través de la disciplina. El éxito es a la vez material y espiritual, práctico y místico.

Es un proceso de avance "desde" un punto determinado con el fin de ir "hacia" una instancia mejor: del letargo al ejercicio, del azúcar a la fruta, del gasto a la inversión.

El éxito es una invitación a cambiar, a crecer, a desarrollarse y a llegar a ser; es querer crear una oportunidad para ascender a un lugar mejor con el fin de obtener una posición más favorable.

Pero, sobre todo, el éxito es hacer de tu vida lo que quieres que sea. Teniendo en cuenta todas las posibilidades, así como los ejemplos de otros cuya vida admiras, ¿qué es lo que quieres que sea tu vida? ¡Esta es la gran pregunta!

Recuerda, el éxito no es un conjunto de normas culturales, sino más bien una colección de valores personales claramente definidos y, en última instancia, alcanzados.

Construir tu vida tal y como quieres que esta sea: eso es tener éxito. Pero ¿qué tiene uno que hacer para conseguirlo? Pues, precisamente, de eso es de lo que trata este libro.

PRIMERA ESTRATEGIA

Descubre el poder de tener objetivos claros

Capítulo dos

Objetivos:
La verdadera motivación

Dos semanas después de haber empezado a trabajar para Earl Shoaff, él y yo nos encontrábamos desayunando juntos. Y cuando yo estaba a punto de comerme mi último bocado, me dijo:

—"Jim, vamos a echarle un vistazo a tu lista de objetivos, los revisaremos y hablaremos de ellos. Por el momento, tal vez esa sea mi mejor manera de ayudarte".

—"Pero aquí no tengo ninguna lista", le respondí.

—"Ya, quizás la tienes en tu coche o en tu casa... en alguna parte, ¿no?".

—"No señor, la verdad es que yo no tengo ninguna lista en ningún sitio".

—Shoaff suspiró. Luego, agregó:

—"Entonces, jovencito, parece que será mejor que empecemos por ahí".

—Luego, mirándome directo a los ojos, prosiguió:

—"Si no tienes una lista de objetivos, no me equivoco si pienso que tu saldo bancario actual debe consistir en unos pocos cientos de dólares".

—Acertó. Y ese hecho llamó mi atención en gran manera. Estaba asombrado.

—"¿Quiere eso decir que, si tuviera una lista de objetivos, mi saldo en el banco sería diferente?".

—"NO solo diferente, sino drásticamente diferente", fue su respuesta.

Ese día, decidí convertirme en un estudiante del arte y la ciencia de establecer objetivos.

De todo lo que aprendí en el transcurso de aquellos primeros días, la implementación de objetivos ejerció el más profundo impacto sobre mi vida. Cada aspecto de mi existencia —mis logros, mis ingresos, mi saldo bancario, mi estilo de vida, mis donaciones, incluso mi personalidad— cambió para bien.

Estoy convencido de que dominar el arte de la fijación de objetivos ejerce un impacto en tu vida similar al que ejerció en la mía. Así que dedicaré los próximos párrafos a explicar este proceso tan a menudo mal entendido. De hecho, te insto a hacer algo más que leer los siguientes capítulos. Estúdialos. Y si tienes a mano un cuaderno, mucho mejor.

EL PODER DE LOS SUEÑOS

Son diversos los factores que afectan nuestra vida. Uno de ellos es nuestro entorno: dónde vivimos, qué clase de padres tenemos, a qué escuelas asistimos, quiénes son nuestros amigos; cada factor desempeña un papel importante.

Otro factor determinante tiene que ver con los acontecimientos de nuestra vida. Sin lugar a duda, hemos sido esculpidos por lo que vivimos: una guerra, por ejemplo, puede arrancarnos toda nuestra estabilidad financiera, mental y emocional.

El conocimiento, o su carencia, también influyen en el tipo de vida que llevamos. Lo mismo ocurre con los resultados que obtenemos a cambio de nuestros esfuerzos: nos sentimos eufóricos o decaídos en la medida en que seamos capaces de alcanzar los resultados deseados.

Pero, de todos los factores que nos afectan, ninguno tiene tanta capacidad y potencial para beneficiarnos como nuestra facultad de soñar.

Los sueños son una proyección de la clase de vida que queremos llevar. Por lo tanto, cuando nos dejamos llevar por ellos, estos liberan en nuestro interior esa fuerza creativa tan esencial para sobreponernos a todos los obstáculos que nos estorban en la consecución de nuestros objetivos.

Sin embargo, para liberar este poder, necesitamos tener sueños bien definidos. Un futuro difuso tiene poca fuerza. Por eso, para alcanzarlos, para que tus planes de futuro te lleven hacia donde tú quieres, tus sueños deben ser vívidos.

Existen dos maneras de afrontar el futuro: con anticipación o con aprensión. ¿Adivinas cuántas personas afrontan el futuro con aprensión? ¡Exacto, muchas!

Seguro que ya conoces este tipo de personas. Son aquellas que andan siempre preocupándose por todo sin parar. Pero ¿por qué serán tan aprensivas? Pues porque no han dedicado nada de su tiempo a diseñar su futuro. En muchos casos, viven tratando de ganarse la aprobación de los demás y, en ese transcurso, terminan por rendirse ante la visión de otros sobre cómo vivir su propia vida. No es de extrañar que estén preocupadas; siempre mirando a su alrededor, buscando en todo momento y lugar la aprobación de los demás en todo lo que hagan.

Por otro lado, quienes deciden enfrentar al futuro con anticipación han diseñado un plan de vida excitante, así que lo vislumbran con el ojo de su mente y les parece fantástico. El futuro conquista su imaginación y ejerce un enorme poder de atracción sobre ellos.

EL PODER DE LOS OBJETIVOS BIEN DEFINIDOS

Los sueños son maravillosos, pero no suficientes. No basta con visualizar una flamante imagen del resultado deseado, sino que además hay que diseñar un plano con todos los pasos a seguir para poner los cimientos, la estructura de soporte y así sucesivamente hasta obtener un resultado tangible. Y para ello, necesitamos objetivos.

Al igual que un sueño bien definido, unos objetivos bien definidos también actúan como imanes. Te arrastran en su dirección. Cuanto mejor los definas, mejor los describas y más duro trabajes para alcanzarlos, más te sentirás atraído hacia ellos. Y créeme cuando te digo que, cada vez que los obstáculos de la vida te amenacen con estancarte en el camino de tu éxito, necesitarás un imán todavía más fuerte que te impulse hacia tus metas.

Para entender más a fondo lo cruciales que son los objetivos, observa a la gran mayoría de personas que no tiene ninguno. En lugar de diseñar su vida, y estando mal aconsejadas, simplemente, se ganan el sustento diario tal y como se les presente. Luchan por su supervivencia económica eligiendo la existencia sobre la esencia. Claramente, la frase de Thoreau no es de sorprendernos: "La mayoría de las personas lleva una vida de silenciosa desesperación".

RAZONES

Shoaff me dijo una vez: "Jim, no creo que tu saldo actual en tu cuenta bancaria sea un fiel indicador de tu nivel de inteligencia" (¡Me alegró mucho oír aquello!), y prosiguió, "creo que eres muy talentoso y capaz, y además, mucho más inteligente de lo que tú mismo piensas".

Y resultó ser verdad; sí era más inteligente de lo que me imaginaba en ese momento.

—"Entonces, ¿por qué el saldo que tengo en mi cuenta corriente no es mayor?", le pregunté.

—"Porque no tienes suficientes motivos para que así sea", fue su respuesta. Luego, añadió: "Si tuvieras la motivación necesaria, harías cosas increíbles; tienes la inteligencia suficiente, pero no las razones suficientes".

En efecto, un concepto clave es: *tener suficientes motivos*

Desde entonces, he descubierto lo siguiente: los motivos son lo primero; las respuestas aparecen después. Diera la impresión de que la vida tiene la peculiaridad de camuflarnos las respuestas de tal manera que parecieran evidentes solo a aquellos que están lo suficientemente motivados como para buscarlas y encontrarlas; a los que tienen fuertes motivos para ir a tras ellas.

Dicho de otra forma: cuando sabes lo que quieres, y lo quieres con la pasión suficiente, encuentras la manera más precisa para conseguirlo así a veces te equivoques. Y las respuestas, estrategias y soluciones que necesitarás para afrontar los problemas que encontrarás por el camino te serán reveladas.

Entonces, ¿qué pasaría si tuvieras que ser rico por necesidad?

¿Qué harías si la vida de alguno de tus seres queridos dependiera de tu capacidad económica para recibir la mejor atención médica posible?

Vayamos un poco más allá y supongamos que te acabas de enterar de la existencia de un libro o de un audio que revelan la manera inequívoca de amasar fortuna. ¿Los comprarías? ¡Por supuesto que sí!

En estos momentos, ya te encuentras leyendo un libro de éxito, así que no creo que te sorprenda saber que existen libros y audios maravillosos sobre el tema de la creación de riqueza. Pero, si no tienes la motivación de ser rico, será bastante probable que nunca los leas, ni que te tomes el tiempo para escuchar esos audios. Un antiguo refrán dice que "la necesidad es la madre de la invención".

¡Qué gran verdad! Con esto en mente, trabaja siempre, primero que todo, en tus motivos, y luego en las respuestas.

CUATRO GRANDES MOTIVADORES

La gran pregunta que tendrás que responderte a ti mismo es:

"¿Qué es lo que en realidad me motiva?".

Diferentes cosas motivan a diferentes personas. Todos tenemos nuestros propios "puntos sensibles". Y si haces un poco de búsqueda en tu interior, estoy seguro de que encontrarás la lista de los tuyos.

¿Cuáles son algunos de los grandes motivadores para triunfar? Aparte del deseo obvio por alcanzar el bienestar económico, existen otros cuatro grandes motivadores.

El primero de ellos es el *reconocimiento*. Las grandes empresas y los directores comerciales más expertos saben que hay quienes se esforzarán más para obtener reconocimiento que para obtener una recompensa material.

Es por ello que algunas organizaciones comerciales exitosas, en especial, las que están involucradas en la venta directa, hacen grandes esfuerzos e invierten su energía en darle reconocimiento a cualquier logro de sus empleados, por grande o pequeño que este sea. Ellas saben que, en nuestro abarrotado mundo, la mayoría de la gente siente que nadie se preocupa por ellos y que no cuentan para nada. De modo que el reconocimiento es una especie de confirmación de su valía. Y en efecto, aquellos que les demuestran su reconocimiento a los demás, les manifiestan: "Oye, tú eres especial, tú marcas la diferencia".

Estoy seguro de que si más empresas prestaran más atención en el hecho de demostrarles su reconocimiento a sus empleados —no solo a sus comerciales, sino también a sus ejecutivos, sus secretarias y al personal de mantenimiento—, experimentarían un increíble aumento en su productividad.

La segunda razón por la que algunos triunfadores sobresalen es porque les encanta la *sensación de ganar*. Esta es una de las razones más fuertes. Si tienes que ser adicto a algo, que sea a "ganar".

Tengo algunos amigos, todos millonarios, que todavía trabajan 10 a 12 horas al día generando más riqueza para sí mismos. Y no es porque necesiten dinero, sino porque necesitan sentir la alegría, el placer y la satisfacción que les producen sus "victorias". Para ellos, el dinero no es la gran cuestión; ya tienen un montón. ¿Sabes cuál sí es esa gran cuestión? El viaje: la estimulante sensación que experimentan cuando ganan.

De vez en cuando, casi siempre después de alguno de mis seminarios, no falta alguien que se me acerque y me diga: "Sr. Rohn, si yo tuviera $1 millón de dólares, no volvería a trabajar nunca más en mi vida". Es muy probable que ese es el motivo por el cual quienes se expresan de esa manera nunca tendrán una fortuna: porque al tenerla, lo abandonarían todo al instante.

El tercer gran motivador es la *familia*. Muchas personas están dispuestas a hacer por sus seres queridos lo que no serían capaces de hacer para sí mismas. En una ocasión, conocí a un hombre que me dijo: "Sr. Rohn, mi familia y yo tenemos el propósito de viajar alrededor del mundo. Y para hacer todo cuanto queremos, nos va a hacer falta un cuarto de millón de dólares dentro de un año". ¡Increíble! ¿Puede la familia influir de tal manera a una persona? La respuesta es: "¡Por supuesto que sí!". ¡Cuán afortunados son todos aquellos que sienten tan profundo amor!

La *generosidad*, es decir, el deseo de compartir la propia riqueza es el cuarto gran motivador. Cuando Andrew Carnegie, el gran magnate del acero, murió, la consola de su escritorio estaba abierta. Dentro de uno de los cajones, había una hoja de papel amarillenta que databa de la época en la que él tendría unos 20 años de edad. Allá, Carnegie había escrito el mayor objetivo de su vida: "Voy a dedicar la primera mitad de mi vida a acumular dinero; y la última mitad, a repartirlo todo".

¿Sabes qué? Carnegie estaba tan inspirado con ese propósito, que acumuló $450 millones de dólares (hoy en día, el equivalente ¡a $4.5 billones de dólares!). Y, en efecto, durante la última época de su vida, se dedicó con verdadero gozo a repartir toda su fortuna.

RAZONES ESENCIALES

¿No sería maravilloso estar motivado con el logro de una meta tan elevada como la de contribuir? Sin embargo, debo confesar que, durante los primeros años de mi lucha por tener éxito, mi motivación era mucho más simple. Mi razón para tener éxito era mucho más básica. De hecho, se podría enmarcar en la categoría de las que me gusta llamar "razones esenciales". Una razón esencial es aquella que cualquiera de nosotros tiene —en cualquier momento, cualquier día— y que significa un cambio en nuestra vida. Permíteme que te cuente lo que me ocurrió.

Un día, poco antes de conocer a Shoaff, me encontraba descansando en mi casa cuando, de pronto, escuché un ruido en la puerta. Era un golpeteo tímido y algo dubitativo. Cuando abrí, miré hacia abajo y vi un par de grandes ojos color marrón aguardándome. Era una niña de aspecto frágil, de unos 10 años. Acto seguido, ella me explicó, con toda la valentía y determinación que pudo reunir en ese momento su pequeño corazón, que estaba vendiendo galletas para las *Girl Scouts*; me hizo una presentación magistral: sabores variados, una oferta especial y a solo $2 dólares por caja. ¿Cómo podía alguien negarse a ello? Por último, con una gran sonrisa y de manera muy educada, me pidió que le comprara.

Y yo quería hacerlo, ¡pues claro que quería!

Pero había un problema: ¡no tenía esos $2 dólares! ¡Dios mío, me sentí tan avergonzado! Ahí estaba yo: todo un padre de familia, con carrera universitaria y con un trabajo remunerado; y sin embargo, no tenía ni $2 dólares en mis bolsillos.

Como era natural, no debía contárselo a la pequeña de ojos lindos. Así que, lo siguiente que hice fue agradecérselo. Le dije: "Gracias, pero ya compré las galletas de las *Girl Scouts* este año y todavía me quedan muchísimas".

Sin embargo, eso no era cierto. Pero fue lo único que se me ocurrió decirle para salir airoso de la situación. Y funcionó. La niña me respondió: "Muy bien, señor. Muchas gracias". Y con eso, se dio media vuelta y prosiguió su camino.

Durante un rato que se me hizo eterno, me quedé mirándola mientras se alejaba. Luego, cerré la puerta detrás de mí y, con mi espalda apoyada en ella, proclamé: "¡No quiero vivir nunca más de esta manera! Basta ya de estar arruinado y basta ya de mentir. Nunca más volveré a pasar por la situación embarazosa de no disponer de dinero en el bolsillo".

Ese día, me prometí a mí mismo que siempre llevaría encima varios cientos de dólares disponibles.

Esto es lo que yo quiero decir cuando digo "razones esenciales". Quizás esa motivación no le reportó ningún premio a mi grandeza de espíritu, pero, por el contrario, fue necesaria y suficiente como para tener un efecto permanente para el resto de mi vida.

Mi historia sobre las galletas de las *Girl Scouts* tiene un final feliz. Algunos años más tarde, saliendo de la entidad bancaria donde acababa de hacer un depósito bastante considerable, me disponía a cruzar la calle para ir hasta mi auto y vi a dos niñas que estaban vendiendo dulces para alguna organización de chicas. Una de ellas se acercó a mí y me dijo:

—"Señor, ¿quiere comprar algunos caramelos?".

—"Es probable", le dije bromeando. "¿Qué clase de caramelos tienes?".

— "De almendra".

—"¿De almendra? ¡Pero si son mis favoritos! ¿Cuánto cuestan?"

—"Solo $2 dólares".

¡$2 dólares! No podía ser cierto... me sentí emocionado.

—"¿Cuántas cajas de caramelos tienes?"

—"Cinco cajas".

Luego, miré a su amiga y le dije:

—"¿Y a ti, ¿cuántas cajas te quedan?

—"Tengo cuatro".

—"Eso suman nueve cajas. Muy bien, me las llevo todas".

En ese momento, las dos chicas se quedaron boquiabiertas, exclamando al unísono:

—"¡¿De verdad?!".

—"¡Por supuesto que sí!", les contesté, "tengo algunos amigos a quienes les van a encantar".

Emocionadas, las niñas se apresuraron a apilar todas las cajas una encima de la otra. Metí la mano en mi bolsillo y les entregué $18 dólares. Cuando ya iba a marcharme con las cajas bajo el brazo, una de las chicas me miró y dijo: "¡Señor, realmente, es usted especial!".

¿Qué te parece esto? ¿Te imaginas gastar solo $18 dólares y que haya alguien que te diga que "¡eres alguien realmente especial!"?

Ahora ya sabes por qué siempre llevo algunos cientos de dólares conmigo. No estoy dispuesto a perder oportunidades como esta nunca más.

Permíteme darte otro ejemplo de una razón esencial para desear hacer las cosas bien. Tengo un amigo llamado Robert Depew, Bobby, para los amigos, que era profesor en Lindsay, California, la capital de las aceitunas verdes. Después de varios años como profesor, Bobby estaba deseando hacer una pausa en su profesión y empezar una nueva carrera. Un día, sin decirle nada a nadie, dejó la enseñanza y saltó al mundo de las ventas. Cuando su familia se enteró del asunto, Bobby se convirtió en el blanco de todas las críticas y la peor reacción fue la de su propio hermano, que parecía disfrutar hiriéndole.

"Te vas a ir directo por el desagüe", se burlaba su hermano. "Tenías una buena posición como profesor y ahora vas a perder todo lo que tienes... debes estar mal de la cabeza".

Su hermano siguió mofándose de él en cuanto veía la oportunidad. Tal y como Bobby relata: "La forma en que mi hermano actuaba me puso tan furioso, que decidí volverme rico".

Hoy en día, Bobby Depew es uno de mis amigos millonarios. Esta historia, igual que mi historia "de las galletas", demuestran que, incluso el enojo y la vergüenza, cuando son correctamente canalizados, pueden servirnos como poderosos motivadores para ir tras nuestros logros.

¿Tienes algo por demostrar? ¿Tienes alguna antigua vergüenza que quieras borrar de tu tablero? Quizá conoces aquél viejo refrán que dice: "La mejor venganza es tener un éxito monumental".

Como puedes ver, existen casi tantas razones para triunfar como personas en este mundo. La clave es *tener suficientes razones.*

¿Cómo hacer para encontrar ese "punto sensible" que desencadene en nuestro interior el deseo de transformación de una vida modesta hacia una llena de riqueza y felicidad? De eso es de lo que se trata el siguiente capítulo.

Capítulo tres

Qué hacer para establecer objetivos en nuestra vida

En el primer capítulo, hablé de la importancia de la disciplina. Ahora, voy a pedirte que empieces a ejercitar este rasgo tan positivo.

Si todavía no lo has hecho, consigue un cuaderno o un diario. Quiero que te transformes, que dejes de ser un mero espectador (lector) y pases a ser un actor (escritor).

El tipo de tarea que vas a realizar aquí es un poco fuera de lo común, ya que se te prolongará a lo largo de la vida. El tema a tratar son los objetivos y, como verás dentro de poco, estos son una preocupación constante, ya que siempre están en evolución, siempre cambiantes.

¿Por qué deberías poner manos a la obra a este respecto? Porque al realizar este tipo de trabajo estarás ascendiendo el primer peldaño que conduce hacia el tipo de vida que siempre has soñado, pero que nunca creíste que podrías convertir en realidad. Así pues, sigamos adelante con ello. Cuanto antes te pongas a ejercitar la disciplina, más pronto disfrutarás de los resultados. Y una vez que empieces a vislumbrarlos, te aseguro que no te importará en lo más mínimo el hecho de que, para alcanzarlos, tendrás que hacer un poco más de trabajo extra.

OBJETIVOS A LARGO PLAZO

En la parte superior de la página de tu cuaderno, o en una hoja de papel, escribe: "Objetivos a largo plazo". Tu tarea es responder a la siguiente pregunta: "¿Qué es lo que deseo para los próximos 10 años a partir de ahora?".

La clave para que el ejercicio sea efectivo es escribir el máximo posible de ideas. Tómate un tiempo, entre 12 y 15 minutos, para completar el ejercicio e intenta tener en total unas 50 ideas de toda índole.

Para ayudarte a ponerte en marcha, la siguiente media docena de preguntas te servirá de orientación:

1. ¿Qué es lo que quiero hacer?
2. ¿Quién quiero ser?
3. ¿Qué es lo que quiero ver?
4. ¿Qué quiero tener?
5. ¿Dónde quiero ir?
6. ¿Qué es lo que me gustaría compartir?

Con estas 6 preguntas en mente, responde a la siguiente pregunta primordial: "¿Qué es lo que quiero para mis próximos 10 años?". Deja que tu mente fluya libremente; en este momento, no se trata de entrar en detalle; ya vendrán más adelante. Por ejemplo, si lo que quieres es un Mercedes 380SL plata con interior azul, escribe solo "380" y pasa al siguiente punto.

Una vez hayas completado tu lista, revisa todo lo que escribiste.

A continuación, al lado de cada enunciado que escribiste en tu lista, añade el número de años que crees que te llevará alcanzar o adquirir ese propósito. Junto a los que crees que te llevarán aproximadamente un año, añade el número "1". Junto a los que crees que te van a llevar 3 años lograrlos, escribe el número "3". Al lado de los que crees que te llevarán 5 años, escribe "5". Y por último, junto a los que crees que te llevarán 10 años lograrlos, escribe "10".

Ahora, comprueba si tus objetivos están equilibrados. Por ejemplo, si ves que tienes un montón de objetivos a 10 años, pero muy pocos objetivos a un año, significa que estás retrasando el pasar a la acción ahora y que estás posponiendo demasiado las fechas.

Por otro lado, si tienes muy pocos objetivos a largo plazo, tal vez sea que aún no has decidido qué tipo de vida deseas construir a largo plazo.

La clave aquí es conseguir un equilibrio entre objetivos a corto plazo y a largo plazo (un poco más adelante, analizaremos los objetivos a corto plazo, que son aquellos que se alcanzan en un año o menos).

¿Estás un poco desconcertado con la idea de tener tantos objetivos? ¿Eres del tipo de persona que se siente más cómoda centrándose en un solo objetivo a la vez?

En realidad, es un buen momento para desarrollar diferentes niveles de objetivos. Si no tienes mucha variedad de metas de distinta índole, es factible que caigas en la misma encrucijada en que cayeron algunos de los primeros astronautas del Apolo quienes, al regresar de la Luna, sufrieron profundos problemas emocionales. ¿El motivo? Pues que, una vez que has estado en la Luna, ¿a dónde más vas a ir?

Después de años entrenándose, visualizando y anticipándose al vuelo lunar, al estar de vuelta, ese momento de gloria se había esfumado. De repente, les parecía que todo había terminado, que el trabajo de sus vidas había llegado al final y la depresión se asentó en su lugar.

Como resultado de esta experiencia, los astronautas que fueron enviados posteriormente fueron formados en cuanto a la planificación de otros grandes objetivos en los que centrarse después de sus viajes espaciales.

La felicidad es muy esquiva. Así pues, parece ser que la mejor manera de disfrutar de la vida consiste en alcanzar una meta y, simultáneamente, empezar a trabajar en la siguiente. Resulta muy peligroso permanecer demasiado tiempo degustando las mieles del éxito. La única manera para disfrutar a plenitud del siguiente festín es estando hambriento.

Muy bien, ahora que ya has redactado y revisado tu lista, elige los cuatro objetivos más importantes para ti de cada una de las cuatro categorías temporales que hemos visto (un año, 3 años, 5 años, 10 años). Ahora tienes 16 objetivos. Para cada uno de ellos, escribe un pequeño párrafo que incluya lo siguiente:

1. Una descripción detallada y exacta de lo que quieres lograr. Por ejemplo, si es un objeto material, anota su altura, su longitud, cuánto cuesta, de qué modelo se trata, qué color... y haz lo mismo con todos. Por otro lado, si se trata de un puesto de trabajo determinado o de un negocio que deseas iniciar, indica con detalle una descripción que incluya tu sueldo esperado, tu posición, el presupuesto del que eres responsable, el número de empleados bajo tu mando, etc.

2. Anota el motivo por el cual deseas alcanzar o adquirir esos objetivos descritos anteriormente. Aquí descubrirás si eso es realmente lo que quieres o si se trata nada más que de un capricho pasajero. Si ves que no te aparece ninguna razón clara y convincente por la que quieres conseguir ese objetivo determinado, entonces categorízalo como un antojo y no como una meta real; luego, remplázalo por otro objetivo.

Como ves, lo que te interesa es un motivador poderoso, pero solo si existe una buena razón detrás de él. Puedes encontrarte con que algunos objetivos que en un principio considerabas importantes ya no sean de tu interés por el simple hecho de que no logras encontrar una razón para desearlos lo suficiente. Esa es una buena señal. Por eso es que realizar esta tarea nos hace reflexionar, redefinir y revisar. Y esa es la principal idea que yace detrás de todo esto: ayudarte a planificar tu futuro.

Una vez que tengas tus 16 objetivos definitivos, escríbelos en otra hoja de papel o en tu agenda o diario y llévalos contigo en todo momento. Revísalos una vez por semana para ver si todavía te resultan interesantes y para comprobar si estás tomando las acciones necesarias para lograr su realización. Como verás, establecer objetivos no es una tarea que se realiza una sola vez y con resultados fijos. Por el contrario, es un proceso continuo y permanente a lo largo de la vida.

OBJETIVOS A CORTO PLAZO

Defino los objetivos a corto plazo como los que, para alcanzarlos, se requiere como máximo un año. Y estos objetivos, aunque parecen más modestos que las metas a largo plazo, resultan siendo igual de importantes. El capitán de un barco traza su itinerario de largo alcance hacia su destino final, pero, a lo largo del camino, deberá alcanzar numerosos hitos de corto alcance para que su viaje sea un éxito.

Por ese motivo, al igual que en el caso de un viaje por mar, los objetivos a corto plazo deben estar relacionados con tus logros a largo plazo. Los que planeas a corto plazo tienen la clara ventaja de ser accesibles en un futuro previsible; yo los llamo "generadores de confianza" porque el hecho de conseguirlos te da la confianza suficiente para seguir adelante con tu propósito. Así pues, cuando trabajes duro y termines una tarea específica a corto plazo, saborearás tu nuevo "triunfo" y te sentirás inspirado para continuar con tu gran labor.

Este es el motivo por el cual te animo a anotar en tu cuaderno también tus proyectos a corto plazo. La manera en que los organices ya dependerá de tus preferencias. Por ejemplo, es tu decisión clasificarlos por días, semanas o meses; o quizá quieras organizarlos como subcategorías de tus metas a largo plazo.

Parte de la diversión de tener una lista como esta es la fase de revisar todos los puntos que la conforman: cada vez que marques una de tus tareas como completada, tómate un tiempo para celebrar esa victoria. Celébrala bien sea mediante un momento de reflexión y de disfrute de la satisfacción que experimentas al terminar una pequeña tarea; de igual manera, otórgarte una recompensa mayor cuando creas que el logro lo merezca. Cueste lo que cueste, tómate tu tiempo para gozar de tus victorias: te servirá de inspiración para seguir esforzándote aún más.

Pero, del mismo modo en que te insto a saborear las mieles del éxito, también tengo para ti otra recomendación que te resultará menos agradable: haz que perder te resulte doloroso.

Como ves, crecemos a través de dos clases de experiencias: la alegría de ganar y el dolor de perder. Así pues, si te comprometiste contigo mismo a terminar un proyecto y luego escurriste el bulto, encuentra también una manera de pagar por tu desidia. Responsabilízate tanto de tus conductas positivas como de las negativas.

Y otra cosa: rodéate de gente que no esté todo el día alabándote, ni te unas a la muchedumbre mediocre. Por el contrario, ve donde las expectativas sean altas, donde la presión para la consecución de logros también sea alta. Esa debe ser una parte integral de tu estrategia general para alcanzar la abundancia y la felicidad.

FUERA PASIVIDAD

¡Quiero que tengas éxito! Por eso estoy un poco preocupado... verás: sé que la mayor parte de los lectores que se deleita en estas páginas no persistirá en fijar y redefinir sus objetivos. ¿Por qué? Porque esa es una labor que requiere de tiempo y un trabajo de reflexión exigente. Y, sin embargo, resulta irónico que muchos de los hombres y mujeres que a diario trabajan duro en empleos que no siempre les gustan, cuando se les pide que le dediquen tiempo a diseñar su propio futuro, a menudo responden: "No tengo tiempo" y dejan su futuro de lado.

Sé que la mayoría de la gente no hace planes definidos, pero no seas tú una parte de esa mayoría. Evita ir por el mundo cruzando los dedos y con la mirada preocupada, esperando que las cosas mejoren por sí mismas.

Tanto si lo admites como si no, en estos momentos tú eres uno de los participantes en el juego de la vida. Y créeme, si no tienes objetivos hacia los que apuntar, no estás jugando un partido muy interesante. Y nadie pagará por verte participar en un juego en el que nadie marca ningún tanto.

El "promedio de la gente" argumenta: "Trabajo durante todo el día y cuando llego a casa ya es tarde. Luego, necesito comer algo, ver un poco la televisión para relajarme y luego meterme en la cama. No lograré estar despierto en mitad de la noche planificando con tanto "cansansio". Este es el tipo de persona que apenas tiene para pagar la mensualidad de su auto. Es buena trabajadora, una gran trabajadora, una trabajadora "honrada".

Sin embargo, también es posible ser honrado, trabajar arduamente toda tu vida y acabar arruinado y abochornado. Tienes que ser mejor que un buen trabajador, tienes que ser mejor que un trabajador "honrado". Tienes que ser un buen planificador, un experto en fijarte objetivos.

Cuando escribes tu lista de objetivos demuestras que estás comprometido con tu propio crecimiento, que de verdad te estás tomando en serio tu proceso. Y para obtener los mejores resultados posibles, trabaja en tus propósitos con la mayor seriedad del caso. No se trata de que seas severo contigo mismo; simplemente, sé serio. Soy consciente de que todo el mundo desea hacer lo mejor, pero la esperanza, sin la ayuda de una buena planificación, será perjudicial. Tal y como dice la Biblia: "La esperanza postergada durante mucho tiempo enferma el corazón". Es una verdadera enfermedad y la conozco muy bien.

Yo solía padecer una enfermedad conocida como "esperanza pasiva". Es muy nociva. Lo único peor que la esperanza pasiva es la esperanza pasiva "feliz". Esa es la que padece un hombre de 50 años que está arruinado y todavía sigue sonriendo esperanzado. Eso sí que de verdad es malo. Así pues, tómatelo en serio. Escribe tus objetivos en una hoja de papel, te lo aconsejo por experiencia propia.

Capítulo cuatro

Cómo hacer para que tus objetivos trabajen para ti

La Biblia nos dice: "Sin visión ni sueños, perecemos". ¡Qué gran verdad! Pero así mismo, la afirmación inversa también es cierta: con nuestros sueños transformaremos nuestra vida de manera única y sin precedentes. En los capítulos anteriores, te mostré cómo elegir tus objetivos y empezar a ponerte manos a la obra hasta alcanzarlos. Ahora, aprenderás a permitir que tus sueños moldeen tu existencia.

Antes que nada, necesitas entender que, una vez que hayas establecido todos los objetivos que en realidad son importantes para ti, ya no eres la misma persona de antes. Tus verdaderos objetivos influirán en casi todo lo que hagas a lo largo del día y estarán contigo dondequiera que vayas; en tu manera de estrechar la mano, en tu forma de vestir, en el tono de tu voz, en tus sentimientos... todo en ti cambiará una vez que tengas objetivos. Esto es así porque, cuando estos son importantes, todo lo que hagas estará en total relación con lo que necesitas hacer para cumplirlos.

Pero, para que tus objetivos te emocionen y reorienten tu vida, deben ser valiosos. En una ocasión, le pregunté a un hombre:

"¿Cuáles son tus objetivos para este mes?". Él me respondió: "Si tan solo pudiera reunir el dinero suficiente para pagar estas malditas cuentas...". ¡Ese era su objetivo!

Por supuesto, no estoy diciendo que el pago de las cuentas no sea un objetivo; claro que lo es. Pero ¡es un objetivo tan pobre! Ciertamente, yo no lo pondría en la lista de las motivaciones más inspiradoras de mi vida. Uno no salta de la cama un lunes por la mañana y dice: "¡Venga! Aquí tengo otra oportunidad para salir a trabajar y reunir lo suficiente para pagar esas malditas cuentas".

Para que los objetivos tengan la capacidad de transformar, deben ser muy altos. Fíjalos lo suficientemente lejos de tu alcance para que así tengas que estirarte y crecer; colócalos tan alto que reten tu imaginación y te motiven a actuar. Pero, del mismo modo que debes fijarlos tan alto que te resulten atrayentes, no los coloques tan lejos como para perder el aliento con ellos y no lograr empezar nunca.

OBJETIVOS CON PROPÓSITO

Permíteme compartir contigo una reflexión un tanto intrigante. El verdadero valor de establecer objetivos no reside en el hecho de alcanzarlos, pues la adquisición de aquello que deseas es estrictamente secundaria. La razón principal para establecer objetivos es que el hecho de tenerlos te obliga a convertirte en alguien capaz de alcanzarlos. Me explico:

¿Cuál crees que es el mayor beneficio de convertirte en millonario? ¿El hecho de tener millones de dólares? No lo creo. No, el valor más grande reside en las habilidades, conocimientos, disciplina y cualidades de liderazgo que necesitas desarrollar para llegar a alcanzar este elevado estatus. Es la experiencia que adquieres en la planificación y el desarrollo de estrategias específicas. Es la fuerza interior que se forja dentro de ti para tener la suficiente valentía, compromiso y fuerza de voluntad como para lograr atraer uno o unos cuantos millones de dólares.

Dale $1 millón de dólares a alguien que no posea la actitud de millonario y lo más seguro es que esa persona lo dilapide todo. Por el contrario, toma toda la riqueza que posee un millonario de verdad y verás que, en poco tiempo, él volverá a amasar una nueva fortuna. ¿Por qué? Porque los que se forjan un estatus de millonario desarrollan las habilidades, conocimientos y experiencia necesarios para reproducir este proceso una y otra vez.

Como ves, cuando alguien se convierte en millonario, lo menos importante es la fortuna que posee. Lo más importante es la persona en la que él o ella se han convertido.

He aquí una pregunta a la que deberías dedicarle tiempo de reflexión: ¿en qué tipo de persona deberás convertirte para obtener todo lo que deseas? De hecho, ¿por qué no escribir algunas reflexiones sobre esta cuestión en tu cuaderno o en tu agenda? Anota el tipo de habilidades y conocimientos que necesitarás adquirir para llegar hasta ahí. Las respuestas presentarán nuevos objetivos por añadir en tu desarrollo personal.

Recuerda esta regla: rara vez, los ingresos son superiores al nivel de desarrollo personal. Ese es el motivo principal por el que todos debemos someternos a un examen de conciencia.

A menudo, miro mi vida y me pregunto: "De acuerdo, esto es lo que deseo, pero ¿estoy dispuesto a convertirme en el tipo de persona que se requiere ser para conseguirlo?". Si me encuentro demasiado perezoso y no estoy dispuesto a aprender, leer, estudiar y crecer para llegar a ese punto, entonces no tengo derecho a esperar atraer lo que quiero. De manera que, cuando me enfrento a una oportunidad, debo decidirme entre cambiar mi persona o cambiar mis deseos.

Relájate

El proceso de establecer objetivos, sobre todo cuando se hace por primera vez, tiende a resultar abrumador; mi consejo es que te relajes.

Si no te sientes preparado para obtener lo que deseas, recuerda lo siguiente: *tus capacidades crecerán hasta que encajen con tus sueños*. Esta es la magia de fijar objetivos, que cuanto más trabajes en ellos, más oportunidades se presentarán ante ti y cada una traerá la semilla adecuada para solucionar ese problema que, en un principio, parecía irresoluble.

De manera que no tengas miedo a empezar. El viaje te conducirá más allá de tu imaginación más osada; lo sé. Quien yo era hace 25 años cuando conocí a Earl Shoaff, hoy en día me resulta siendo un ser extraño, pues ya no soy esa persona; he ido cambiando. De modo que tú también puedes cambiar.

A mucha gente le da miedo ponerse en marcha debido a sus penas y fracasos anteriores. Llevan grandes cargas sobre sus hombros; pesadas cadenas que arrastrarán para siempre, a menos que se deshagan de ellas.

En realidad, no hay nada que tú, ni yo podamos hacer para cambiar el pasado; está muerto y enterrado. En cambio, sí es factible hacer muchísimo por tu futuro. Tú no tienes por qué ser el mismo de ayer. Procura incorporar cambios en tu vida que sean absolutamente asombrosos, en corto período de tiempo y que ni siquiera ahora te imaginas, pero que lograrás si, simplemente, te concedes a ti mismo aunque sea una mínima oportunidad.

Tus capacidades crecerán. Aprovecharás un potencial y un talento que ni siquiera sabías que tenías. Conforme pase el tiempo, sacarás nuevas reservas desde el fondo de tu mente creativa. Y antes de que te des cuenta, lograrás metas que hoy te parecen inalcanzables. Dominarás situaciones que nunca antes pensaste que dominarías. Tu mente dará a luz ideas maravillosas y creativas.

¿Por qué son tan poderosos los objetivos? ¿Cómo hacen que todo esto suceda? No lo sé, supongo que estas preguntas pertenecen a la categoría especial que yo llamo "los misterios de la vida". Lo único que puedo decirte es que funcionan. Atrévete a descubrirlo por ti mismo. Date la oportunidad de convertirte en todo lo que tienes el potencial de llegar a ser y logra todo lo que eres capaz de lograr.

¡Pide!

Existe en la Biblia un mandato que nos enseña todo lo que necesitamos saber para alcanzar nuestros deseos y es el siguiente: "¡Pide!". Eso es todo, ¡pide! De todas las habilidades importantes por aprender, asegúrate de que posees esta.

¿Qué es lo que esto significa exactamente? Pues significa "¡Pide lo que desees!". Y su fórmula completa es asombrosa: "¡Pide y recibirás!". Mejor será que lo analicemos.

En primer lugar, cuando pedimos algo, ponemos en marcha el proceso de recibir. Pedir es como apretar un botón que desata la maquinaria intelectual y emocional.

Como dije antes, no sé cómo, ni por qué funciona, pero sé que funciona.

Existen muchísimas cosas que funcionan muy bien a pesar de si entendemos o no su mecanismo de funcionamiento. ¡Hazlas trabajar! Hay quienes nunca terminan de empezar porque están siempre estudiando las raíces de la cuestión. Y luego, hay otros que deciden recoger los frutos mientras, a su vez, estudian las raíces. Todo depende del punto por donde deseas empezar. Yo te recomiendo que empieces pidiendo.

En segundo lugar, la otra parte de la fórmula —es decir, recibir— no es para nada un problema. No se requiere ningún trabajo para realizar esta acción, pues es automática. De modo que, si recibir no es difícil, ¿cuál es el problema? El verdadero problema es no pedir.

A este respecto, el "promedio de la gente" argumentará: "Sí, pero me paso el día trabajando y cuando llego a casa ya es tarde. Necesito comer algo, ver un poco la televisión para relajarme y luego meterme en la cama. Uno no puede sentarse en mitad de la noche y empezar a pedir sin parar". Personas con esta mentalidad suelen tener serias dificultades para pagar sus cuentas. Son buenas en sus trabajos, trabajan muchísimo y son "honradas". Pero necesitan ser más que eso o terminarán en la ruina y avergonzadas. Tendrán que convertirse en expertas en el arte de "pedir".

"Ahora lo veo claro", dirán algunos, "me levanté todos los días para ir a trabajar intensamente, pero en ningún rincón de mi casa tengo hecha una lista de las cosas que deseo en mi vida".

¿Y qué hay de ti? ¿Cómo va tu lista?

En tercer lugar, "recibir" es como habitar en un océano donde existe la abundancia. Esto es cierto sobre todo en EE. UU. ¡Este país es como un océano! El éxito no es escaso. No está racionado, ni corres el riesgo de que, cuando llegue tu turno, ya no quede nada para ti. ¡No, no funciona así!

Entonces, si eso es cierto, ¿cuál es el problema? Pues que la mayoría de la gente llega a este océano de oportunidades con una cucharilla de café. ¿Te imaginas el asunto? ¡Con una cucharilla! En vista del tamaño del océano, ¿podría sugerirte que cambies tu cucharilla de café por otro recipiente mucho más grande? ¿Qué te parece algo así como un balde? Quizá no sea lo más adecuado, pero, por lo menos, los chiquillos no se echarán a reír.

Dos reflexiones más acerca de pedir...

En primer lugar, pide con inteligencia. Siendo exacto, la Biblia no dice: "Pide inteligentemente", pero no me cabe duda de que esto es lo que significa. Por lo tanto, no balbucees. Así no obtendrás nada. Sé claro y muy específico. "Pedir con inteligencia" incluye responder qué altura tiene lo que quieres, qué longitud, cuánto cuesta, cuándo, qué tamaño, qué modelo, qué color, etc. Haz una descripción precisa de lo que deseas; defínelo. Recuerda que los objetivos bien definidos funcionan como los imanes; cuanto más los aclares, más atracción ejercerán.

En segundo lugar, pide con fe. La fe es la cualidad más inocente porque significa creer que vas a conseguir todo lo que deseas. Cree igual que un niño, sin el escepticismo, ni el cinismo del adulto que hay en ti.

Muchos de nosotros nos hemos vuelto demasiado escépticos. Hemos perdido esa maravillosa fe inocente y esa confianza. No dejes que te suceda. Cree y ten fe en ti mismo y en tus objetivos. Y entusiásmate igual que lo haría un niño. No hay nada más contagioso que el entusiasmo infantil.

Los niños creen que pueden hacer cualquier cosa y quieren saberlo todo. ¡Qué maravilla! Odian irse a dormir por la noche y no ven la hora de saltar de la cama la mañana siguiente justo cuando abren los ojos. Luego, hacen miles de preguntas. Y justo cuando piensas que ya saciaron su curiosidad, te preguntan mil cosas más, llevándote hasta el límite. Pero, por supuesto que, en realidad, su curiosidad es una virtud. Por eso, cuando hagas renacer tu curiosidad y tu entusiasmo infantil, habrás tomado el camino adecuado para convertirte en un experto en pedir.

Planificando objetivos y administrando el tiempo

En la actualidad, el manejo del tiempo es un tema muy popular; todo tipo de libros, audios y seminarios se encuentran a disposición del público ávido de información sobre cómo ser más productivo.

¿Cuál es tu opinión al respecto? ¿Te gustaría convertirte en un buen administrador del tiempo? Si es así, necesitas tener claro lo siguiente: *a menos que tengas objetivos establecidos de antemano, te será imposible administrar el tiempo de manera eficaz.* La productividad es el resultado de unos objetivos bien definidos. La asignación del tiempo no es importante si los objetivos no son firmes, ni están planteados con claridad en nuestra mente. Es así de simple. Esta es una de las muchas razones por las cuales escribir nuestros objetivos en un papel es tan importante.

Prioridades

Una de las dificultades con la que nos encontramos en nuestra era industrial es el hecho de que hemos perdido el sentido de las estaciones. A diferencia del granjero, cuyas prioridades cambian en función de las estaciones, estamos inmunes al ritmo natural de la vida. Como resultado, nuestras prioridades están descompensadas. Permíteme ilustrar lo que quiero decir.

Para un granjero, la primavera es su época de mayor actividad. Es la estación del año en la que él trabajará todo el día desde antes que salga el sol y seguirá trabajando hasta el filo de la medianoche. También tiene que mantener su maquinaria funcionando en su capacidad máxima, ya que solo dispone de un corto tiempo para sembrar sus cultivos. Luego, llegará el invierno y apenas tendrá unas pocas actividades en las cuales mantenerse ocupado.

Existe una lección en todo eso: hay que aprender a usar las estaciones de la vida. Debes distinguir entre cuándo derrochar a manos llenas y cuándo es necesario retroceder con calma; cuándo hay que adelantarse a los acontecimientos y cuándo dejarlos pasar. Es fácil dedicarte a trabajar de 9:00 a.m. a 5:00 p.m. años tras año e ir perdiendo poco a poco el sentido natural de las prioridades y los ciclos vitales. Sin embargo, no dejes que un año se funda con el siguiente en un idéntico desfile interminable de tareas y responsabilidades. Observa detenidamente tus propias estaciones, no sea que pierdas la perspectiva del valor y la sustancia de las cosas.

Diferencia entre lo esencial y lo secundario

Un punto importante a la hora de fijar prioridades en nuestra vida es aprender a separar lo esencial de lo secundario. Cada vez que tengas que tomar una decisión, hazte la siguiente pregunta: ¿es esta una cuestión esencial o secundaria? Respondiéndola siempre con tus objetivos en mente, reducirás el riesgo de perder el tiempo en proyectos menores.

En el mundo de las ventas se nos enseña que existe solo un tiempo importante: el tiempo que pasamos en presencia de un futuro comprador. Todo el tiempo invertido en el largo camino hacia la búsqueda del comprador, por muy esencial que sea, es considerado un tiempo secundario. Demasiados vendedores invierten más tiempo "en el camino hacia" que "en presencia de" y esa diferencia se ve reflejada en sus ingresos. Por eso, en el mundo de las ventas decimos: "No cruces la ciudad sin antes haber cruzado la calle".

Este concepto sobre lo principal y lo secundario también tiene otra aplicación. Se dice que "en tus actividades importantes no inviertas tiempo secundario". Es fácil que nuestra escala de valores sea confusa. Por ejemplo, suele suceder que un padre de familia pase tres horas viendo televisión y apenas 10 minutos jugando con sus hijos; que un gerente esté la mayor parte de su día laboral llenando formularios e invierta muy poco tiempo motivando a sus empleados. Estas son el tipo de personas que han perdido el sentido de lo que es importante y lo que es trivial.

Este mismo concepto también es válido para el dinero; no inviertas grandes cantidades de dinero en gastos secundarios y, por el contrario, no trates de ahorrarlo no invirtiendo en lo realmente importante. Algunos se gastan una fortuna en alimentar su cuerpo y muy poquito en alimentar su mente. Si gastaras más dinero en caramelos que en libros y audios inspiradores, sería absurdo, ¿no crees?

El mejor uso del tiempo y del dinero consiste en invertirlos allí donde su valor es máximo. Es lo que se llama "inversión prudente para obtener los máximos resultados".

CONCENTRACIÓN

Cualquier atleta profesional te contará el horrible costo que supone la falta de concentración. Un descuido momentáneo e incluso en el último metro de la competencia será adelantado por otro corredor. Es en ese punto cuando pierde el primer puesto y el premio. No dejes que esto te suceda.

Pon la máxima atención en todo lo que hagas. Cuando escribas una carta, concéntrate. ¿Tratas de resolver un problema? Concéntrate. ¿Estás manteniendo una conversación? Muy bien, concéntrate en ella. No te imaginas el efecto que surte en tu vida la concentración.

Lógico, tiene que haber un tiempo para dejar divagar tu mente. Pero hazlo durante el tiempo que hayas establecido para ello. Y cuando estés divagando, no hagas nada más. Sal a dar ese paseo por la playa o haz un recorrido por la montaña, lejos de las presiones de la vida. Permite que la brisa sople en tu pelo y deja que tu mente se eleve. Sueña despierto. El descanso también es bueno para ti, pero descansa solo durante los espacios designados por ti como "tiempo para soñar". Y el resto del año, concéntrate.

SÉ REALISTA

Todavía nos queda un último punto por considerar. Recuerda que, aún implementando el plan de acción más elaborado, habrá ocasiones en que no conseguirás lo que deseas. Lo sé: ¿cómo te digo esto ahora, después de invertir tanto tiempo mostrándote qué hacer para conseguir todo lo que deseas? ¿Acaso te estoy mostrando una doble cara?

Entonces, ¿por qué no habrías de alcanzar todo lo que deseas? Porque, amigo mío, este mundo funciona así. Algunas veces, granizará sobre tus cultivos y caerá la lluvia en medio de tu cabalgata más esperada. Enfrentarás circunstancias en que las termitas de la vida roerán tus cimientos. "¡No es justo!", exclamarás. Quizá no lo sea, pero como ni a ti, ni a mí nos consultaron acerca de la planificación de este mundo, tenemos que aceptarlo tal y como es.

Sin embargo, la buena noticia es que también existen un montón de buenas noticias. Si trabajas todo el proceso que he compartido contigo, conseguirás más de un montón de magníficos resultados. La mayoría de las veces, conseguirás lo que deseas. Y esas son unas probabilidades bastante buenas: las mejores de este mundo.

Objetivos... solo Dios sabe lo que llegarás a hacer cuando te sientes inspirado por ellos. Ni qué decir de todo lo que lograrás cuando crees en ellos. Y no hace falta que te explique lo que pasará contigo cuando seas consecuente con ellos. Simplemente, te insto a probar este sistema durante 90 días. ¡Solo inténtalo! ¡Es posible que hasta te funcione mejor que a mí!

¡Te deseo lo mejor!

SEGUNDA ESTRATEGIA

Busca la sabiduría

Capítulo cinco

Transitando por el sendero de la sabiduría

Una de las estrategias fundamentales para llevar una buena vida es saber qué información necesitas tener para alcanzar tus objetivos. Y una vez que lo sepas, también es útil saber cómo proceder para reunir ese conocimiento.

Uno de los mejores aportes que Shoaff le hizo a mi vida durante aquellos primeros días de conocernos fue inculcarme el valor del estudio.

Recuerdo que me dijo: "Si deseas tener éxito, estudia acerca del éxito. Si deseas ser feliz, estudia sobre la felicidad. Si deseas hacer fortuna, estudia cómo adquirirla. Los que alcanzan estas metas no llegan a ellas por casualidad, sino que es una cuestión de estudiar y después practicar".

¿Te gustaría saber cuántas personas hacen de la riqueza su materia de estudio? Solo algunas pocas. Teniendo en cuenta la cantidad de hombres y mujeres que buscan la riqueza y la felicidad, ¿crees que todos ellos realizan un estudio minucioso acerca de ellas? El por qué no lo hacen es otra cuestión que también podríamos situar en esa categoría especial que yo llamo "los misterios de la vida".

Hace ya muchos años, me di cuenta de que algunos de los mejores consejos que existen proceden de la Biblia. Hay una frase en este fantástico libro que dice: "Si buscas, encontrarás". Esa es la mejor manera de descubrir nuevos conocimientos que a su vez generan nuevas ideas. Busca. Recuerda que para encontrar algo, primero debes buscarlo. ¿Necesitas una gran idea para cambiar tu vida? Rara vez, aparecerá de la nada. Pero si haces una búsqueda diligente de los conocimientos que necesitas, la idea adecuada aparecerá en tu camino; y a menudo, cuando menos lo esperes.

Encuentra las perlas del conocimiento

He aquí otra palabra fundamental para reflexionar: "capturar". Las grandes ideas pasan por nuestra mente a gran velocidad y es fácil olvidarlas… lo mismo pasa con los buenos momentos que hacen que valga la pena vivir. Por eso es tan importante aprender a capturar aquello que realmente nos importa.

Primero, aprende a captar los momentos especiales. Toma tu cámara y captura una buena cantidad de fotografías. Tener la capacidad de capturar un evento en una fracción de segundo fue todo un prodigio en el siglo XX. Hay que ver lo fácil que resulta considerar los prodigios como algo que tenemos garantizado.

Permíteme que te cuente acerca de una experiencia reciente. En los últimos tres años, he sido invitado de manera consecutiva a impartir una conferencia en Taiwán. Durante mi viaje más reciente para dar un seminario de fin de semana, estuvieron presentes unas 1.000 personas; ¿adivinas cuántas cámaras estaban presentes también en la sala? Por supuesto: ¡1.000 cámaras! Cada cual se había traído su cámara para poder capturar los momentos más importantes, las nuevas amistades, las nuevas experiencias... y al final, terminé dedicando gran parte de mi tiempo a posar para las fotos.

¿Te has puesto alguna vez a mirar fotografías de unas cuantas generaciones hacia atrás? Lamentablemente, muy pocas se conservan, pero ¿no sería maravilloso tener suficientes imágenes como para contar a través de ella la historia completa de cómo era la vida hace 100 años? Por este motivo, no nos mostremos indiferentes a esta práctica. Asegúrate de dejar detrás de ti el tesoro de tu historia completa contada a través de imágenes y videos.

Otra forma de capturar el conocimiento reside en tu biblioteca personal. No me refiero a los libros que tu decorador te compró porque armonizaban con los tonos azules de tu casa; me refiero a esos libros subrayados y con las esquinas de las páginas dobladas; a aquellos que adquiriste para estudiarlos, libros con notas escritas en los márgenes y que, en definitiva, te ayudaron a darles forma a los valores de tu vida. ¡Eso sí que es un tesoro digno de capturar!

Hoy en día, como poseedores de un concepto más amplio de la comunicación, yo incluiría también en este tesoro todos los audios y vídeos existentes que tanto nos ayudan a formarnos y a mejorar nuestra vida. Este también es un legado especial para dejárselo a nuestros hijos.

Finalmente, querrás capturar todo el conocimiento que vas adquiriendo conforme pasan los años. Por eso, como un serio estudiante de la riqueza y la felicidad, te insto a llevar un diario personal que sea el lugar de encuentro de todas las ideas que se te crucen en tu camino. Poco a poco, lo que irá surgiendo será un tesoro increíble: ideas de negocios, sociales, culturales, ideas sobre inversiones, sobre cómo llevar cierto estilo de vida. ¿Te imaginas lo que vale todo esto? Sin duda, esta clase de tesoro supone una herencia mucho más valiosa que tu viejo reloj.

CÓMO GANAR EN SABIDURÍA

Hay dos maneras para obtener sabiduría: una es aprender de tu propia vida y la otra es estudiar la vida de otros.

Reflexión personal

Analiza las experiencias de tu vida. Aprende a reflexionar —que es el acto de ponderar los acontecimientos de la vida con la intención de aprender de ellos—. A este proceso yo lo llamo "rebobinar la cinta".

Los acontecimientos de tu vida son algunas de las mejores fuentes de información, así que no te limites a que tus días pasen de largo: preocúpate por recoger sus enseñanzas. Sé consciente de lo que sucede a tu alrededor, de tal manera que queden registrados en tu consciencia los acontecimientos que marcan tus días.

Existe un momento y un lugar adecuados para todo. Hay momentos para pasar a la acción y momentos para reflexionar. La mayoría de nosotros no se toma el tiempo para reflexionar seriamente. Debido a nuestras ocupadísimas agendas de trabajo, descuidamos con frecuencia este ingrediente crucial de la fórmula para el éxito.

Tómate un tiempo al final del día para revisar lo acontecido: dónde estuviste, qué fue lo que hiciste y lo que dijiste. Reflexiona sobre lo que funcionó y lo que no; en lo que desearías repetir y lo que quisieras evitar a toda costa; trata de recordar los incidentes del día lo más vívidamente posible, recuerda los colores, las perspectivas visuales, los sonidos, las conversaciones, las experiencias…

Ya lo ves, la experiencia puede convertirse en una materia prima, en un medio de pago, en una moneda, en una fuente de increíble valor, pero llegará a ser de este modo solo si te tomas el tiempo para atesorarla, reflexionar sobre ella y convertirla en un aspecto valioso en tu vida. Después de todo, lo que le sucede a una persona no es lo que marca la diferencia en cuanto a sus resultados, sino lo que ella hace con lo que le sucede; eso es lo que determina el valor de lo vivido. Así que, para hacer algo positivo con nuestra vida, debemos recoger la información más valiosa que surja en el camino.

Otro buen momento para reflexionar es al final de cada uno de los principales períodos, como por ejemplo, después de haber transcurrido una semana, un mes o un año. Al final de la semana, tómate unas horas para reflexionar sobre los acontecimientos de los días pasados. A final de mes, tómate un día para ello. Y a final de año, tómate una semana para revisar, meditar y reflexionar sobre cada cosa que ha sucedido en tu vida.

La gente más sofisticada ha aprendido a recoger los frutos del pasado e invertirlos en el futuro. Cuando mi padre cumplió 76 años, le dije: "Papá, ¿te imaginas lo que significaría analizar tus últimos 75 años y poner en práctica los resultados de ese análisis a lo largo de tus 76?".

¿Has pensado alguna vez de esta manera? Así, la vida sería emocionante y productiva. No te limites a tan solo vivir otro año; por el contrario, recoge los años vividos e inviértelos en el siguiente. No te limites a, simplemente, entablar otra conversación más; recoge todas tus conversaciones pasadas e inviértelas en la siguiente.

De este modo, pon en marcha una nueva disciplina. Averigua, mediante la observación de tu vida, qué y cómo funcionan las cosas en este mundo. Que no se diga que pasaste por la vida sin descubrirla; quizá no llegues a hacer todo lo que averigües con respecto a ella, pero asegúrate de descubrir lo que más puedas y actúa en consecuencia con ello. No desearás vivir para llegar a descubrir que, en definitiva, viviste apenas un 10% de ella y el otro 90% lo malgastaste.

Al examinar tu vida, asegúrate de estudiar tanto los aspectos negativos como los positivos; analiza tus fracasos al igual que tus éxitos. Nuestros supuestos fracasos nos resultan muy útiles cuando nos enseñan lecciones valiosas. A menudo, son mejores maestros que nuestros éxitos.

Una de las maneras en que aprendemos a hacer algo bien es haciéndolo primero mal. Hacer las cosas mal es una valiosa enseñanza de la vida. Ahora bien, te sugiero que no prolongues demasiado tiempo este tipo de aprendizaje. Si has estado haciendo algo mal en los últimos 10 años, no te aconsejo que sigas igual en los 10 siguientes, pero si aprendes rápido, no hay forma más efectiva de aprender que hacerlo emocionalmente, desde la experiencia personal.

Cuando conocí a Shoaff, había estado trabajando durante 6 años. Poco después de conocernos, él me preguntó:

—"Jim, ¿cuánto hace que trabajas?".

Se lo dije.

—"¿Y qué tal te va?".

—"No muy bien", le respondí un poco molesto al tener que admitirlo.

— "Entonces, te sugiero que no hagas eso nunca más", añadió él, "6 años es tiempo suficiente para poner en marcha el plan equivocado".

Luego, me preguntó:

—"¿Cuánto dinero has ahorrado en esos últimos 6 años?".

—"Nada'", admití tímidamente.

Arqueando las cejas, agregó:

—"¿Quién te vendió ese plan?".

¡Qué pregunta tan fantástica! Cierto, ¿de dónde saqué yo ese plan tan desastroso? Porque todos le "compramos" a alguien un plan. La cuestión es: ¿a quién?

¿A quién le has "comprado" tú el plan?

Debo advertirte que estas confrontaciones iniciales con tus propias experiencias del pasado te resultarán dolorosas y es especialmente cierto si has cometido tantos errores como yo. Sin embargo, piensa en la recompensa, en lo mucho que progresarás cuando al fin les hagas frente a todos esos errores.

Aprendiendo de los demás

Otra manera en que ganas en conocimientos es a través de las experiencias de otras personas. Aprenderás tanto de sus éxitos como de sus fracasos. Una de las razones por las que la Biblia es magistral es porque reúne una colección de historias humanas situadas en ambos lados de la balanza.

Existe una lista de relatos que se llama "ejemplos" y su mensaje es el siguiente: "Haz lo que estas personas hicieron". La otra lista de historias se llama "advertencias" y su mensaje es: "No hagas lo que hicieron estos necios". ¡Qué gran cantidad de información!

Tal vez, hay incluso otro mensaje: si tu historia aparece alguna vez en el libro de alguien, asegúrate de que sea utilizada como un ejemplo y no como una advertencia.

Existen tres maneras de aprender de los demás:

1. A través de publicaciones diversas: libros, audios o vídeos.
2. Escuchando su sabiduría y su locura.

3. A través de la observación de los ganadores y de los perdedores.
Analicemos cada uno de estos puntos, uno por uno.

Libros y audios

Todos los emprendedores exitosos con quienes he tenido contacto son buenos lectores. Leen y leen, y no paran de leer; lo que les impulsa a ello es su gran curiosidad. Simplemente, ellos necesitan saber. Buscan constantemente nuevas maneras de ser mejores. La siguiente es una buena frase para recordar: *todos los líderes son buenos lectores.*

Durante la Antigüedad, cuando salía una publicación, siempre se hacía referencia a ese material impreso: los libros. Pero hoy en día, es fácil aprender también a través del milagro de la edición electrónica: audiolibros, *podcasts* y vídeos, excelentes vías para adquirir buenos conocimientos.

Muchas de las personas más ocupadas que conozco utilizan audios para aprender durante sus momentos de quietud. Por ejemplo, tienen por costumbre escuchar audios mientras conducen. Esa es una manera muy fácil de captar ideas innovadoras y aprender nuevas habilidades.

¿Sabías que hay miles de libros y audios sobre cómo ser más fuerte, más decidido, mejor orador, un líder más eficaz, mejor amante, desarrollar influencia, encontrar pareja, ser más sofisticado, empezar un negocio... y otros miles de temas útiles? Y sin embargo, mucha gente no utiliza esta abundancia de conocimiento. ¿Cómo te lo explicas? ¿Además, sabías que miles de personas de éxito han trasladado sus inspiradoras historias al papel? Y a pesar de todo, la gente no quiere leer. ¿Cómo es posible?

El "promedio de la gente" está muy ocupado, supongo. Muchos dicen: "Bueno, sí... pero me paso el día trabajando y cuando llego a casa ya es muy tarde. Tengo que comer algo, ver un poco la televisión para relajarme y luego meterme en mi cama. No me puedo quedar despierto hasta la media noche leyendo sin parar". Y son ellos quienes no tienen los ingresos suficientes para pagar sus cuentas. Son buenos trabajadores, grandes trabajadores y además, "honrados". Pero claro, cualquiera puede ser honrado y trabajar duro toda su vida y, a pesar de todo, terminar arruinado, confuso y avergonzado. Por eso, tienes que ser mejor que un buen trabajador, tienes que ser un buen lector. Y si no te gusta leer, también tienes la opción de escuchar un buen audio de camino a casa, ¿te parece?

De esta manera, no tienes que leer libros, ni escuchar audios a altas horas de la noche (aunque, si estás arruinado, no es tan mala idea). Lo único que te sugiero es que dediques unos 30 minutos del día a aprender. Eso es todo.

Pero, si quieres hacerlo con todas las de la ley, alarga esos 30 minutos a una hora completa. O por lo menos, dedica esos 30 minutos como mínimo. Y una recomendación más: no te saltes ningún día. Sáltate una comida, pero no tus 30 minutos de aprendizaje. Todos podemos permitirnos el lujo de saltarnos alguna comida, pero ninguno de nosotros puede permitirse el lujo de saltarse algunas buenas ideas, ejemplos e inspiración.

La Biblia nos enseña que no solo de pan vive el hombre. Nos dice que, junto a la comida para el cuerpo, nuestra mente y nuestra alma también deben ser alimentadas por las palabras. Desafortunadamente, la mayoría de las personas sufre de desnutrición mental.

Hace poco, le comenté a mi grupo de trabajadores: "Algunas personas leen tan poco que sufren de raquitismo mental". No solo debes alimentar tu mente, también debes asegurarte de que tu dieta mental sea equilibrada. No te alimentes con lecturas fáciles; no se puede vivir con "azúcar mental".

Piensa en tu tiempo de lectura como un momento para "aprovechar el tesoro de las buenas ideas". Y si alguien tiene aquí una buena excusa para no aprovechar este tesoro de ideas durante escasos 30 minutos al día o para no invertir algo de dinero adquiriendo conocimiento, entonces me gustaría oírla. ¡Algunas de esas excusas no te las creerías!

Yo digo:

—"John, tengo esta mina de oro. Tengo tanto oro, que ya no sé qué hacer con él. Ven y saca para ti todo el que quieras".

John me responde:

—"Pero yo no tengo pala".

"De acuerdo, John, pues búscate una".

Y él dice:

—"¿Sabes lo que está valiendo una pala hoy en día?".

Invierte bien tu dinero, te lo recomiendo. Obtén los libros y los audios que necesites para formarte. No escatimes cuando se trate de invertir en mejorar tu futuro.

Shoaff me introdujo en los libros desde el principio. Me dijo: "Conviértete en autodidacta, la educación estándar solo te traerá resultados estándar. Comprueba cuáles son los ingresos de aquellos que recibieron una educación estándar y decide si eso es lo que quieres. Si no es así, si quieres estar por encima de la media, debes convertirte en autodidacta". A raíz de eso, me puse manos a la obra a construir mi propia biblioteca. Y, hoy en día, tengo una de las mejores.

Para empezar, Shoaff me recomendó un par de libros. Uno de ellos fue la Biblia, que ya la tenía. Consta de 66 libros. Mis padres percibieron que estaba muy concentrado en aprender, así que pensé que, ciertamente, había tenido un buen comienzo.

Shoaff también insistió en que tenía que conseguir un ejemplar de *Piense y hágase rico*, de Napoleón Hill. Si aún no lo has leído, te sugiero que salgas corriendo por él.

Habré leído este libro unas cuantas docenas de veces. Me hacía falta. Shoaff dijo una vez: "La repetición es la madre de la habilidad". Y, por la situación en la que se encontraba mi cuenta bancaria, necesitaba toneladas de habilidad.

Cuando miro hacia atrás, me doy cuenta de que la información contenida en ese libro ha supuesto para mí una riqueza que tiene un valor de decenas de miles de dólares. Y, sin embargo, lo compré por unos pocos centavos. Ese hecho me enseñó una poderosa lección: existe una gran diferencia entre costo y valor. Antes de conocer a Shoaff, solía preguntar, "¿cuánto cuesta?", pero él me enseñó a preguntar, "¿cuál es su valor?". Cuando comencé a basar mi vida en el valor de las cosas, en lugar de su precio, todo tipo de acontecimientos empezaron a suceder.

Recuerda: ERES LO QUE LEES.

Una de las primeras cosas que hago cuando visito a alguien es echarle un vistazo a su biblioteca. Descubro más cosas referentes a una persona observando su colección de libros y CD's que mediante la conversación con ella.

Una biblioteca —o la falta de ella— me revela en qué está pensando mi interlocutor o si realmente piensa en algo. La elección de libros y audios revela los pensamientos predominantes de las personas, así como sus deseos y valores.

¿Qué es lo que dice tu biblioteca sobre ti? Definitivamente, leer libros no es tener el lujo de emplear un tiempo para el ocio; es una necesidad para aquellos que quieren crecer. Así pues, no seas como algunos de mis amigos que pensaron que graduarse en la escuela secundaria o en la universidad ya les dio la licencia para nunca más volver a leer un libro. Empieza a leer, en especial, el tipo de libros que te ayudará a liberar tu potencial interior.

¿Estás en estos momentos pensando en todos los libros que deberías leer? Si es así, hay una buena noticia: no tienes que leerlos todos a la vez. Trata de leer dos libros por semana. Y si te parece mucho, para empezar, elige dos que sean muy cortos. Haz esto durante 10 años y terminarás leyendo cerca de 1.000 libros. ¿Crees que adquirir todo el conocimiento contenido en 1.000 libros podría llegar a influir en las variadas dimensiones de tu vida? Te aseguro que sí. Sin embargo, también es cierto que si no has estado leyendo dos libros a la semana durante los últimos 10 años, llevas 1.000 libros de retraso respecto a los que sí lo han hecho. ¿Comienzas a darte cuenta de la increíble desventaja que te supondría ir 2.000 libros atrasado con respecto a quienes te rodeen dentro de 10 años? Cuidado, porque en las más sofisticadas reuniones y negociaciones serás carne de cañón; te machacarán y te desecharán como a un desperdicio.

Pero eso no es todo. También perderás algunas oportunidades excelentes debido a la falta de conocimientos. Tu filosofía y conocimientos serán demasiado superficiales como para mantenerte a flote a través de los duros reveses de la vida.

La falta de habilidades, de conocimientos, de visión, de valores firmes, y la carencia de un estilo de vida propio, son el resultado de no leer libros. Recuerda que el libro que no has leído puede ser el libro que tal vez te ayude. Nunca llegarás a leer demasiados libros, pero en cambio, sí es posible leer demasiado pocos.

Escuchar

Escuchar es una manera maravillosa de aprender. Permíteme presentarte una idea un tanto escandalosa: elige a una persona exitosa e invítala a cenar. Una persona pobre (y sin importar lo bien que nos vaya, pues todos somos pobres en comparación con alguien más rico) debería invertir en invitar a una persona rica. Y entonces, ¿qué hacer luego? Está muy claro: escuchar.

Adelante, pruébalo. Invierte $50, $70, $80 e incluso $100 dólares. Ve por el menú completo. Empieza con la entrada y haz preguntas. Luego, come la ensalada (se tarda unos 15 minutos) y sigue con la conversación. Devorar el filete más grande de la ciudad te llevará 45 minutos; sigue haciendo preguntas. Pide el postre. Procura alargar la comida tanto como puedas; intenta que sean por lo menos dos horas. Si consigues a alguien de estas características para hablar contigo durante dos horas, aprenderás estrategias y actitudes suficientes como para multiplicar tus ingresos y cambiar tu vida.

Pero, por supuesto, tienes razón al decir que la gente pobre no invita a cenar a la gente rica. Probablemente, es por esa misma razón que siguen siendo pobres.

El "promedio de la gente" argumenta: "Si él es rico, ¡deja que él pague su propia cena! Yo no estoy dispuesto a invertir mi dinero en eso. Por otra parte, me paso el día trabajando y cuando llego a casa ya es muy tarde. Tengo que comer algo, ver un poco la televisión para relajarme y después meterme en mi cama. No puedo perder el tiempo intentando encontrar a un hombre rico y encima alimentarlo". Así pues, este es el tipo de gente que se retrasa en sus pagos... ¡y su salario no le alcanza hasta final de mes! Es gente buena y trabajadora, gran trabajadora y "honrada". Pero puedes ser honrado y trabajar duro toda tu vida y, a pesar de todo, terminar arruinado e infeliz. Tienes que ser algo mejor que un buen trabajador, tienes que ser un buen oyente.

Observar

La tercera manera de aprender de otras personas es observándolas; préstale atención a lo que hace la gente exitosa. ¿Por qué? Porque el éxito deja pistas. Detalla la forma en que un emprendedor que consigue tener éxito le estrecha la mano a la gente. Fíjate en cómo hace las preguntas pertinentes. Los soñadores que triunfan tienen hábitos de éxito, desarrollan patrones de comportamiento ganador de la misma manera que los perdedores adoptan patrones de comportamiento perdedor. ¿Deseas ser ascendido en tu trabajo? Observa a tus superiores. ¿Quieres amasar tanto dinero como tu tío? Entonces observa la manera en que él maneja su dinero y su estilo de vida.

Una de las razones por las que es una buena idea asistir a seminarios impartidos por emprendedores exitosos es porque tienes la oportunidad de observar la manera en que ellos se relacionan y manejan diversas situaciones. Ningún libro, ni ningún audio, por muy buenos que sean, transmitirán la energía silenciosa de la comunicación no verbal. Esta es la razón por la cual los vídeos son herramientas maravillosas para una comunicación mucho más completa.

Conviértete en un buen observador; no te pierdas ninguna pista que pueda ayudarte a cambiar tu vida a mejor.

INVERTIR EN TU FUTURO

La búsqueda de conocimientos es una de las estrategias clave para obtener abundancia y felicidad. ¡Qué idea tan poderosa la de invertir tiempo, esfuerzo y dinero en una búsqueda de conocimientos consistente, disciplinada y provechosa!

Pero, igual que todo lo que vale la pena, hay que pagar un precio por ello. Y eso, desafortunadamente, a algunos los deja paralizados.

La búsqueda de conocimiento implica tener que invertir. De hecho, hay tres tipos de inversiones con las que tendrás que contar si quieres embarcarte con éxito en este viaje:

En primer lugar, hará falta invertir dinero; ya sabes que es necesario para comprar libros y audios, y también para asistir a seminarios. Te recomiendo que tengas un fondo destinado a tu formación intelectual.

Cada mes, reserva una parte de tus ingresos e invierte en tu búsqueda de conocimiento. Utilízala para cultivar al gigante dormido que yace en ti. El dinero es un asunto de bajo coste, en cambio la disciplina de cultivarte y crecer en ese aspecto tiene un potencial ilimitado.

Más importante que el dinero es la siguiente inversión: tu tiempo. El tiempo tiene un valor importante, lo sé. Una cosa es pedirle a una persona que gaste su dinero, pero pedirle que gaste su tiempo, eso sí que es diferente.

Desafortunadamente, no existen atajos. Hasta que no llegue el momento en que exista una máquina que sea conectada a nuestro cerebro para que vierta en él todo el conocimiento que deseemos adquirir, tendremos que disponer de nuestro precioso tiempo.

Por suerte, la vida tiene una manera única de recompensar una gran inversión con un alto beneficio. La inversión que realices con tu tiempo será el mejor catalizador para alcanzar un logro todavía mayor.

Por último, también tendrás que invertir tu esfuerzo. Por lo general, es necesario que le dediques mucho más esfuerzo al aprendizaje dirigido que al aprendizaje casual. En todo lo que hagas, sea introspección, leer u observar a otras personas, tu nivel de esfuerzo influirá en gran manera en la cantidad y calidad del conocimiento que adquieras.

Una mente enfocada es como un rifle mental que dispara al blanco de una idea. Y, para mantener esa focalización, se necesita de enorme esfuerzo y concentración. Y es justo este esfuerzo el que te abrirá las puertas hacia el lugar donde las grandes ideas ponen en marcha su magia para acercarte a la riqueza y a la felicidad.

TERCERA ESTRATEGIA

La disciplina del cambio

Capítulo seis

Frutos del desarrollo personal

Un día, Shoaff me dijo: "Jim, si deseas ser rico y feliz, aprende bien esta lección: exígete trabajar con mucha más intensidad en ti mismo que en tu trabajo".

Desde ese momento, he estado trabajando en mi desarrollo personal y debo admitir que esta es sin duda la tarea más desafiante de todas, pues el desarrollo personal es una labor que dura toda la vida.

Recuerda: en quién te conviertes es más importante que lo que posees. La cuestión esencial no es saber qué es lo que estás obteniendo; mejor pregúntate: "¿En quién me estoy convirtiendo?". Los conceptos "obtener" y "convertirse en" van de la mano; en quién te conviertes influye directamente en lo que obtienes. Míralo de esta manera: la mayoría de lo que posees en la actualidad lo obtuviste al convertirte en la persona que eres hoy.

De modo que, aquí tienes el gran axioma de la vida: *para tener más de lo que tienes, conviértete en alguien mejor de lo que eres ahora.* Este es el punto donde deberías enfocar toda tu atención. De lo contrario, tendrás que conformarte con el axioma de no cambiar, que dice: *a menos que cambies tu manera de ser, siempre tendrás lo que ahora tienes.*

Los ingresos rara vez son superiores al nivel de nuestro desarrollo personal. En ocasiones, tienden a incrementarse de forma espectacular, pero si no aprendes a dominar las responsabilidades que ello conlleva, lo habitual es que se vean reducidos hasta quedar a un nivel que puedas manejar.

Si alguien te da $1 millón de dólares, mejor será que te des prisa para que tu mentalidad se convierta en la de un millonario. Un hombre muy rico dijo en una ocasión: "Si recogieras todo el dinero del mundo y lo dividieras en partes iguales para todo el mundo, muy pronto estaría de vuelta en los bolsillos donde antes estaba".

Es difícil mantener lo que no hemos obtenido a través del desarrollo personal.

VALOR

En mis inicios, hubo varias cosas que me desconcertaron. Por ejemplo, solía preguntarme por qué a una persona le pagaban $2.000 dólares al mes y a otra $4.000 mil, cuando ambas trabajaban para la misma empresa, manejaban el mismo producto, gozaban de la misma cantidad de años de antigüedad y provenían del mismo entorno.

¡Qué rompecabezas! ¿Por qué una persona vale el doble a nivel financiero que otra? Y en cuanto a la compensación, ¿cuál es la diferencia entre $2.000 y $4.000 dólares al mes? (Y no me respondas que "$2.000 dólares", ese tipo de diferencia yo ya la entendía incluso en ese entonces).

"Debe ser una cuestión de tiempo", pensé. "Algunos hacen mucho mejor su trabajo porque tienen más tiempo haciéndolo. Mary debe tener un excelente nivel de desempeño laboral, pues lleva en ello un montón de tiempo. Si yo hubiera tenido a mi disposición el tiempo que tiene Mary, también estaría rindiendo muy bien". Claro que pensar así es de tontos. No se puede tener el tiempo de otra persona.

Alguien me dijo una vez: "Si tuviera tiempo extra, haría dinero extra". Yo le respondí: "Entonces, vas a tener que olvidarte de tener más dinero. No existe más tiempo del que tenemos. ¿Dónde se puede encontrar más tiempo?".

Cuando el reloj marca la medianoche, ya está; el día se acabó. Ya no existe más tiempo disponible. Y si insistes en encontrarle más de 24 horas, vendrán por ti y te encerrarán en un manicomio.

De este modo, si no puedes generar más tiempo, ¿qué generarías que marcara la diferencia en tus resultados financieros? La respuesta es: valor. El valor marca la diferencia. Nunca tendrás de dónde sacar más tiempo, pero sí que puedes llegar a ser más valioso.

El concepto de valor es una lección básica en el campo de la economía. Tanto si trabajas en una línea de montaje o si vendes bienes o servicios, te pagan por el valor que aportas. Ya sé que ahora vas a dedicar tiempo a aportar valor a tu campo de trabajo, pero no te van a pagar por el tiempo que emplees, te pagarán por el valor que aportes, por tu productividad.

De forma errónea, el "promedio de la gente" argumenta: "Gano $20 dólares por hora". Eso no es cierto; si lo fuera, podrían quedarse en casa y hacer que les enviaran el dinero. No, no les pagan $20 dólares la hora, les pagan esos $20 dólares por el valor que han creado en las horas que han estado trabajando. El pago por horas es tan solo una manera práctica de medir por anticipado el valor aportado.

Por eso es tan importante que te preguntes: "¿Me es posible convertirme en el doble de valioso y hacer dos veces más dinero por hora? ¿Existe una manera para volverme tres veces o incluso cuatro veces más valioso dentro de la misma hora?". La respuesta es: "¡Por supuesto!". Pero llegarás a ser más valioso si... si te dedicas a trabajar, en primer lugar, en ti mismo. Siempre existe un "si", una condición, ¿no es cierto? La vida es condicional. Harry Truman dijo en una ocasión: "La vida es un continuo 'si'".

Es muy fácil autoengañarse. El "promedio de la gente" afirma: "Tengo 10 años de experiencia y no entiendo por qué no me va mejor". Pero lo que ellos no han comprendido es que no tienen 10 años de experiencia. Lo que en realidad tienen es un año de experiencia repetido 10 veces. No han hecho ni una sola mejora, ¡ni una sola innovación en 9 años!

Todo el mundo quiere más dinero, pero la mayoría de las personas lo busca en los lugares equivocados. El "promedio de la gente" dice: "Necesito más dinero, voy a hablar con mi jefe".

Hace ya tiempo, descubrí que los jefes se caracterizan por no precipitarse y por no tener la mano suelta con la caja fuerte de su empresa. Nunca he visto a ningún jefe emocionarse de pronto y, sin razón alguna, triplicarle el sueldo a alguien.

Algunos empleados dicen: "Haremos huelga para que nos aumenten el sueldo". El problema es que, una vez que empiezas de este modo, cuando haya que volver a renovar el contrato, ya siempre lo tendrás que hacer de esta manera. Además, al exigirlo así, todo lo que obtendrás serán siempre aumentos diminutos; apenas lo suficiente como para seguir "llegando al final de mes". Olvídate de los métodos que solo te permiten "llegar a fin de mes".

Bien podrías seguir en ese estado, pero eso no es para ti; tú no estás leyendo este libro para luego obtener las migajas que se caen de la mesa de la vida. Tú quieres la fiesta completa, ¿no es así?

Conozco algunos vendedores que siempre buscan salirse por la tangente. Afirman: "Vamos a instruirnos con algunos de esos libros de ventas que enseñan los trucos para vender. Luego, nos presentamos con todos esos conocimientos delante de nuestros futuros clientes, los impresionamos con todo el chisporroteo y nos llevamos su dinero antes de que ellos se den cuenta de lo sucedido". Bueno, supongo que podrías intentarlo, pero mi experiencia me demuestra que, a menos que aportes un valor auténtico, terminarás en el fondo más profundo de la escala financiera.

Lo importante no es lo que se obtiene con trucos engañosos, ni con exigencias. Lo que cuenta es lo que obtienes con un rendimiento productivo.

Al principio, solía pensar que el rendimiento era producido por causas externas, pero luego descubrí que el rendimiento real proviene de quienes poseen los recursos adecuados dentro de ellos. Siempre había buscado las respuestas afuera, pero a partir de entonces, aprendí que el éxito y la felicidad no son valores para perseguir, sino para desarrollar.

A menudo, la gente me pregunta: "¿Y cómo puedo conseguir unos ingresos por encima del promedio?". La respuesta es la siguiente: "Conviértete en una persona superior al promedio de la gente". ¿Y eso cómo se hace?

Para empezar, desarrolla un apretón de manos por encima del promedio. Hay quienes dicen que quieren tener éxito y ni siquiera trabajan en su apretón de manos. Con lo fácil que sería mejorarlo, dejan su mano resbaladiza. No lo entienden. ¿Quieres estar por encima del promedio? Entonces utiliza una sonrisa por encima del promedio, desarrolla un interés por los demás por encima del promedio y ten un afán por ganar por encima del promedio. Esa actitud lo cambiará todo.

No hay nada más inútil que buscar un trabajo por encima del promedio, con un sueldo superior al promedio, sin convertirse en un ejecutor por encima del promedio. Yo a esto lo llamo frustración.

Antes solía decir: "Confío en que las cosas cambiarán". Decirlo parecía ser mi única esperanza. Pero, si las condiciones no cambiaban, yo estaría en serios problemas. Luego, descubrí que nada cambiaría y sentí que me estaba ahogando.

No hace mucho, di un seminario en Honolulú frente a un grupo de ejecutivos de una compañía de petróleo. Estábamos sentados alrededor de una enorme mesa flanqueada con algunos de los más altos ejecutivos del mundo, cuando uno de ellos dijo: "Sr. Rohn, usted conoce a algunas de las personas más importantes del planeta, ¿qué cree que pasará durante los próximos 10 años?".

Le respondí: "Caballero, es cierto que conozco a algunas de las personas más influyentes de este mundo y puedo decirle con exactitud lo que va a suceder". Al terminar de decir esto, la sala enmudeció. Yo proseguí: "Basándome tanto en lo que la gente sabe como en mi experiencia vital, he llegado a la conclusión de que, en los próximos 10 años, las cosas van a seguir exactamente igual que siempre", (por cierto, estarás contento de que esté compartiendo esta información contigo, no todo el mundo tiene acceso a ella).

Debo admitir que eso lo dije así para desinflar un poco a ese pomposo grupo de peces gordos, pero también lo dije porque es absolutamente cierto.

La marea sube y ¿qué pasa luego? Pues que baja. Así ha sido durante al menos 6.000 años de Historia escrita y, probablemente, durante mucho más tiempo que ese. Se hace la luz y después, ¿qué es lo qué pasa? Pues que todo oscurece... Y así es como ha ocurrido durante todos estos años. Ya no debería sorprendernos.

Si durante una puesta de sol alguien exclamara: "¿Qué es lo que está pasando? ¿Qué es esto?", pensaríamos que esa persona acaba de aterrizar a nuestro planeta.

La siguiente estación después del otoño es... correcto, todos lo sabemos. Y, ¿con qué frecuencia sigue el invierno al otoño? Siempre, sin falta, desde el comienzo de los años, por así decirlo.

Cierto es que algunos inviernos son más largos y otros son más cortos; algunos son más fuertes y otros más suaves, pero pase lo que pase, el invierno siempre llega después del otoño y eso no va a cambiar.

Algunas veces, un asunto te parecerá lógico; otras, lo ves como un total un rompecabezas; en ocasiones, todo va bien y, de repente, se convierte en un auténtico desastre; también hay momentos en que las cosas se deslizan y navegan a lo largo del océano, pero otras, se encuentran amarradas y atadas con grandes nudos. Como ves, eso no va a cambiar. Después de 6.000 años de Historia documentada, la vida es una mezcla de oportunidades y dificultades. ¡Así son las cosas!

El "promedio de la gente" dice: "Bueno, entonces, si es así, ¿cómo va a poder cambiar mi vida?". La respuesta es: "Tu vida cambiará solo cuando tú cambies".

Siempre que doy alguna charla, tanto si me dirijo a ejecutivos de empresas como a los chicos de un instituto, mi mensaje es el mismo: "La única manera de que las cosas mejoren es que tú mejores". *El hecho de "mejorar" no tiene nada que ver con un asunto externo que deseas obtener, sino con el ser humano en el que te conviertes.*

CAMINANDO POR LAS ESTACIONES DE LA VIDA

He aquí dos frases que me gustaría que tuvieras en cuenta. La primera es: "La vida y los negocios son como las estaciones". La segunda dice: "No puedes cambiar las estaciones, pero sí puedes cambiarte a ti mismo".

Ahora, con estas dos frases como guías, echémosles un vistazo a las estaciones de la vida y a cómo hacer para manejarlas mejor:

Invierno: el mejor tiempo para fortalecerte

En primer lugar, es imperioso que aprendas a dominar los inviernos. Existen inviernos de todo tipo: inviernos económicos, donde los lobos financieros acechan a tu puerta; hay inviernos físicos, cuando tu salud se encuentra dañada; hay inviernos personales, cuando tu corazón se encuentra roto en pedazos… Tiempo de invierno, de desengaños, de soledad… Así es como nació el "blues".

Por este motivo, la gran pregunta sería cómo y qué hacer para manejar los inviernos. Algunas personas se acercan al calendario, arrancan la hoja del mes de enero y pretenden creer que no existe. Pero este es un enfoque un tanto infantil que no soluciona nada.

Permíteme decirte lo que hacen la gente madura en invierno: se vuelve más fuerte, más sabia y, en definitiva, se vuelve mejor.

No es una mala idea utilizar el invierno para tu propio desarrollo personal.

Antes de comprender esta verdad, solía pasar mis inviernos deseando que llegara el verano; no entendía de lo que se trata el invierno.

Por fin, un día, cuando estaba pasando por una mala racha en mis ventas, Shoaff me dijo: "No desees que sea más fácil, desea ser mejor. No desees menos problemas, desea disponer de más habilidades. No desees menos desafíos, desea más sabiduría para ti". Desde entonces, no puedo decirte que viva dándoles grandes bienvenidas a los inviernos, pero te aseguro que los he empleado para prepararme para la primavera, que llega "siempre" después del invierno.

Primavera: hora de tomar ventaja

Aprende a sacar ventaja durante la primavera. ¡Qué gran lugar ocupa! Está justo después del invierno. La oportunidad sigue a la dificultad. La expansión sigue a la recesión como un reloj. Dios es un genio.

La primavera es el momento de tomar ventaja. Toma nota de estas dos palabras: *tomar ventaja.* No dejes que el clima agradable te confunda; si quieres estar en plena forma en otoño, este es el momento de plantar las semillas. De hecho, todos tendremos que elegir entre una de estas dos cosas: o plantamos bien y buenas semillas en primavera o tendremos que aprender a mendigar durante el otoño.

Por lo tanto, ponte a trabajar en primavera. Solo existe un puñado de ellas para cada uno de nosotros. Los Beatles escribieron: "La vida es tan corta"; y mira, a John Lennon, la vida le resultó demasiado corta en las calles de Nueva York.

Verano: momento de cuidar

Aprende a nutrir y a proteger tus cultivos durante todo el verano. Ten la certeza de que, tan pronto como hayas plantado tus semillas, los insectos y las malas hierbas tratarán de destruir tu cosecha. Y ellos seguro que tendrán éxito; a menos que tú se lo impidas.

Parte del éxito es aprender a proteger lo que has creado. Es en eso que consiste la mejor lección del verano.

Existen dos verdades, tan grandes como un templo, que aprenderás durante tus veranos:

Primero, te darás cuenta de que todo lo bueno será atacado. No me preguntes por qué razón; no lo sé. Pero sí sé que es cierto. Cada jardín será invadido y no darse cuenta de esto es ser un ingenuo.

En segundo lugar, aprenderás que todos los valores deben ser defendidos. Te lo repito: todos los valores —sociales, políticos, maritales, comerciales— deben ser defendidos. Cada jardín debe ser atendido durante el verano. A menos que protejas muy bien todo en lo que crees y tienes, va a llegar el otoño y no te quedará nada.

Otoño: prepárate para aceptar tu responsabilidad

El otoño es la estación donde recogemos los resultados de nuestras primaveras y de nuestros veranos. La madurez puede ser definida como nuestra capacidad de asumir la plena responsabilidad de los cultivos que hemos cosechado, ya sean con frutos abundantes o escasos.

Aceptar la plena responsabilidad es una de las más altas formas de madurez humana, y una de las más duras. Es el momento en que pasas de la infancia a la edad adulta.

Aprende a darle la bienvenida al otoño sin quejas, ni excusas: si lo has hecho bien, no necesitas excusas; y si lo has hecho mal, quejarse no tiene ningún sentido. No es fácil, pero es lo más maduro que puedes hacer.

En mis inicios, yo solía tener un problema con todo esto. Por si acaso alguien me preguntaba, llevaba siempre conmigo una lista de razones que justificaban por qué las cosas no me estaban yendo bien. Mi lista, que, como era de esperar, llamé "razones por las que no me van bien las cosas", estaba llena de pretextos y excusas:

- Culpaba al gobierno. Era el principal responsable que encabezaba mi lista.

- Culpaba a los impuestos. "¡Fíjate en lo que te queda después de que te saquen todo lo que te tienen que sacar!".
- Me quejaba de los precios. "Entras a un supermercado con $20 dólares y sales con solo media bolsa de comida".
- Culpaba al clima.
- Al tráfico.
- Le echaba la culpa a mi coche y a su fabricante.
- Culpaba a mis parientes más negativos: "Siempre me están desanimando".
- Culpaba a mis cínicos vecinos.
- Le echaba la culpa a todo el municipio.

De manera que, como verás, tenía muy buenas razones para no hacerlo bien. O por lo menos, eso creía yo.

Shoaff era muy amable, pero también sabía ser contundente. Un día, me miró fijamente y, con una expresión interrogativa en su rostro, me preguntó: "Jim, por curiosidad, explícame por qué te ha ido tan mal hasta ahora". Excelente cuestión, ¿verdad?

Entonces, para no quedar mal, decidí recurrir a la lista que te acabo de enumerar. ¿Cómo tuve el valor de hacerlo? Eso es algo que nunca sabré, pero el caso es que lo hice.

Enumeré, punto por punto, toda la vasta lista: el gobierno, los impuestos, los precios... todo. Mientras tanto, él me escuchaba con paciencia y yo seguía exponiendo los conceptos de mi lista. Cuando ya hube terminado, Shoaff le echó un vistazo a mi lista durante unos segundos y, al fin, sacudiendo la cabeza, me dijo: "Hay solo un fallo en esta lista... que tú no estás en ella".

Entonces, tan rápido como pude, rompí mi lista de "razones por las que no me van bien las cosas" y tome otra hoja de papel. Luego, escribí la siguiente palabra en la parte superior de la misma: "Yo".

Una canción espiritual de la cultura africana lo explica muy bien: "No es mi madre, ni mi padre, ni mi hermano, ni mis hermanas, soy yo, oh Señor, el que necesita una oración". Solía culpar a todo lo externo a mí de mi falta de progreso personal, hasta que descubrí que el problema estaba dentro de mí.

Lo que determina los resultados no es lo que pasa a nuestro alrededor. Lo que sucede, simplemente, sucede. Y le ocurre a todo el mundo.

Dos hermanos tenían un padre abusivo y alcohólico. Uno de ellos, se convirtió en un criminal; el otro, en juez. Los dos tuvieron las mismas experiencias, pero con diferentes resultados, ¿cómo es posible? Lo es porque lo realmente importante no es lo que nos sucede, sino lo que tú y yo hacemos con eso. Puede ocurrir cualquier cosa, ¿no es cierto? He escuchado un montón de historias y yo mismo he sido parte de una de ellas. Todos podríamos contar nuestras batallas y nos tomaría días enteros hacerlo.

¿Has oído hablar de la Ley de Murphy? Dice: "Si algo puede salir mal, va a salir mal". Y así es como sucede. Yo también he caído de lo más alto unas cuantas veces; en una ocasión, la caída me costó $2 millones de dólares. Fue devastador, me tomó bastante tiempo recuperarme de semejante golpe.

Quizá, para algunas personas, un par de millones no sea mucho dinero. Pero en mi caso, era todo lo que tenía. Cuando pierdes todo lo que tienes, eso sí que es muchísimo. Antiguamente, cuando te quedabas sin dinero, totalmente arruinado, significaba que estabas acabado. Hoy en día, te dejan empezar de cero con un préstamo, pero te entierran con la deuda.

¡Son cosas que pasan!

Todo el mundo tiene su propia historia. Algunos dicen: "Sí, pero tú no alcanzas a imaginar los desengaños que he tenido". ¡Venga, hombre! Todo el mundo tiene desengaños. Los desengaños no son regalos especiales reservados solo para ti. Aquí la cuestión es: ¿qué es lo que vas a hacer con ellos?

LAS AUTOLIMITACIONES

Para tener éxito, todos debemos hacer un esfuerzo por eliminar estas limitaciones que nos autoimponemos y que frenan nuestro desarrollo personal. Al margen de quién seas, existen tres tipos de limitaciones autoimpuestas con las que, sin duda, tendrás que lidiar. Permíteme exponerlas.

La primera limitación es la procrastinación. Esta es especialmente peligrosa debido a su naturaleza acumulativa; cuando dejamos de hacer alguna tarea de poca importancia, no parece ser nada grave. Y si dejamos pasar por alto algunas cosas durante el día, tampoco parece un mal día. Pero, basta que esos días se acumulen y ya tienes los elementos necesarios para un año desastroso.

La culpa es otra limitación autoimpuesta. En algún momento, todos hemos culpado alguna vez a alguien o a algo. Disponemos de mucho entrenamiento a lo largo de la Historia en cuanto a esta autolimitación; si no, remontémonos a cierta fruta de un jardín donde el hombre dijo: "Fue la mujer, ella me llevó a hacerlo". Y la mujer culpó a la serpiente.

¿Por qué enseguida señalamos con el dedo en vez de buscar dentro de nosotros mismos? Porque el ego trata de defenderse a sí mismo. De este modo, cuando culpamos a fuerzas externas a nosotros, no tenemos que enfrentarnos a nuestras propias debilidades y fracasos.

Esta debe haber sido la razón por la que llevaba conmigo mi infame "lista de razones".

Uno de mis puntos favoritos de esa lista era el referido al alto costo de todo. Un día, después de hacer una absurda afirmación sobre el costo de un artículo, Shoaff me cortó de raíz diciéndome: "Escucha, Jim, el costo no es tu problema. No es que cueste demasiado. El problema es que tú no puedes permitírtelo". Y tenía razón.

Nunca es culpa de "algo". Si sigues desviando las responsabilidades hacia lo externo, siempre estarás en la ruina y desilusionado. Nunca ganarás lo suficiente. Pero cuando empieces a pensar en términos del "yo" en vez del "aquello", tu crecimiento personal aumentará y también tus ingresos.

La tercera autolimitación, las excusas, es prima hermana de la culpa. ¿Adivina cuántas excusas existen en el mundo? Cierto, millones. Y las personas crean un millón más a lo largo de su vida. De hecho, la gente llega hasta límites inimaginables para evitar hacerle frente a la verdad: que ellos son los únicos y verdaderos responsables. Supongo que prefieren crear un millón de excusas a crear un millón de dólares (no se pueden tener ambos).

De modo que, aquí está la cuestión fundamental que debes responder: ¿qué vas a hacer a partir de hoy para superarte a ti mismo? Te lo digo de otro modo más directo: si no te deshaces de algunas de tus propias autolimitaciones, tus próximos cinco años van a ser, prácticamente, lo mismo que este último año, a excepción de que serás cinco años mayor. Pero si asumes tus responsabilidades y te deshaces de tus autolimitaciones, llegarás a ser cinco años mejor. ¿No te parece que esta última opción sería más interesante? Existe mucha gente que tiene poca fe en sus propias habilidades; se preguntan: "¿Qué es lo que soy capaz de hacer? ¿Qué es lo que puedo hacer para marcar la diferencia en mi vida?".

Permíteme, en primer lugar, darte una respuesta global a estas preguntas. Tú tienes la capacidad de hacer las cosas más increíbles sin importar el tipo de invierno que se interponga en tu camino.

Todos tenemos lo que se necesita para llegar a hacer cosas impensables cuando nos vemos en situaciones límite: una mujer levantó un coche de dos toneladas para salvar a su hijo; un hombre sobrevivió hambriento y enfermo en un campo de concentración, porque todos los días soñaba con volver a ver a su familia; algunos inmigrantes empezaron su nueva vida fregando platos y, en cinco años, a base de privaciones y ahorro, llegaron a poseer su propio y próspero negocio, con decenas de nativos trabajando para ellos. ¡Son hechos remarcables!

También descubrí que los niños pueden hacer verdaderas hazañas, siempre que se les presente la ocasión para hacerlas. Lo único que tienes que hacer es alejarlos del televisor y desafiar su cuerpo y su mente; te aseguro que llegarán a convertirse en personas extraordinarias (también he descubierto que, aunque no tengan nada remarcable para hacer, tampoco es posible prever lo que van a llegar a ser, pero este ya es otro asunto…).

El ser humano tiene toda la capacidad de hacer cosas extraordinarias porque él es extraordinario. Y tú y yo no somos ni amebas, ni peces, ni aves, ni perros.

Así que podemos convertir la nada en algo, monedas de un centavo en una fortuna, un desastre en un triunfo. Por el contrario, cuando un perro empieza royendo huesos, termina royendo huesos. ¿El motivo? Es solo un perro. Él no tiene la capacidad de crear.

Así pues, acepta el hecho de que eres alguien increíble. Prospera gracias a tu singularidad. Busca dentro de ti y saca al exterior tus dones más extraordinarios. Están ahí, esperando a que los descubras y los utilices.

Una vez que pongas de manifiesto todos tus dones, lograrás cambiar lo que sea que necesites cambiar:

Si no te gusta lo que vives ahora, cámbialo.
Si no te resulta suficiente, cámbialo.
Si ves que no encaja contigo, cámbialo.
Si no te satisface, cámbialo.

Recuerda: *tú puedes cambiar las cosas y hacer que sean mejores cuando tú cambias y te conviertes en alguien mejor.* Después de todo, no solo no eres una planta, ni un animal que dependen por completo de su instinto, sino que eres un ser humano, el ser más inteligente y destacable de la creación.

A pesar de todo, tú y yo somos demasiado sofisticados como para pensar que podemos cambiar por el simple hecho de leer un poco de introspección filosófica. Es cierto, tardarás mucho más que eso. ¿Qué es lo que vas a necesitar entonces? Ante todo, tal vez deba decirte qué es lo que no te va a ayudar a lograrlo.

Algunos te dirán: "El entusiasmo marca la diferencia". De un tiempo para acá, se oye hablar mucho de motivación, entusiasmo y pasión. El viejo cliché persevera. En la típica reunión de ventas todavía se escucha la vieja cantinela entonada al unísono por un coro de vendedores ojerosos:

"Para ser entusiasta, debes de sentirte entusiasmado".

Sin embargo, el entusiasmo por sí mismo no te va a ayudar, lo siento.

Después que hayas saltado, brincado y gritado de entusiasmo, todavía existen algunas cosas esperando a ser completadas. Y, a menos que las hagas, la situación, simplemente, no va a cambiar. Un hombre puede sentirse entusiasmado con querer levantar 100 kilos hasta que llega al gimnasio. Sin embargo, ya estando allí, necesitará de un nuevo tipo de motivación a largo plazo que lo lleve a entrenarse hasta que consiga levantar esos 100 kilos que quiere. A este tipo de motivación la llamamos disciplina.

Y, francamente, la disciplina es lo único que le hará conseguir levantar ese peso; es el único medio para obtener un progreso real. Si existe alguna cosa de la que entusiasmarse, es de la disciplina. Entusiásmate con la capacidad que posees para hacer lo que necesitas para crecer en todo aspecto. Ese es el entusiasmo real; lo otro, es simple pánico esperanzado.

CÓMO CAMBIAR

Nadie como yo entiende la dificultad inherente de cambiar unos hábitos viejos y persistentes. El hecho es que los hábitos empiezan a cambiar cuando nuestra percepción de las cosas cambia.

La mayoría de nosotros no experimenta una gran transformación cataclísmica. No, para la mayoría, el cambio llega con un proceso evolutivo de transformaciones casi imperceptibles. Nosotros solo seguimos empujando en la dirección correcta, implantando uno o dos buenos hábitos aquí y allá, hasta que, por fin, nos damos cuenta de que le hemos dado la vuelta a una importante área de nuestra vida.

Las tres áreas del desarrollo personal

En tu afán por lograr el desarrollo personal tienes que tener en cuenta estos tres conceptos: cuerpo, mente y espíritu.

Desarrollo espiritual

Debo confesar que me considero un mero aficionado en este campo. Dado que me crie en un hogar lleno de profunda fe (mi padre es predicador, un hecho que me hace, para mejor o para peor, un hijo de predicador), crecí impregnado de amor hacia la creación divina. Pero respetando las creencias de cada uno (este libro está escrito para personas de todos los orígenes y creencias), creo que tú debes evaluar por ti mismo qué tipo de crecimiento y qué cambios quieres experimentar en esta área tan vital. No hay duda de que los valores éticos y espirituales te ayudarán a construir una base sólida para llevar a cabo tu búsqueda de la riqueza y la felicidad.

Desarrollo físico

La Biblia nos enseña que debemos tratar nuestros cuerpos como si fueran templos. Y, por cierto, las leyes judías para la higiene son muy elaboradas y específicas respecto a este tema.

Pero, más allá de la higiene, creo que debemos tener en cuenta el concepto de "embellecer el templo", es decir, vestirnos de una manera acorde a nuestro deseo de triunfar.

Seamos sinceros: la imagen externa que damos ante los demás influye en cuanto a la capacidad que ellos ven en nosotros para manejarnos de manera adecuada en el campo laboral. De hecho, existe otra frase bíblica que nos advierte de cuidar nuestra apariencia exterior para con nuestros semejantes y de cuidar nuestro interior para con Dios. Las personas se fijan en nuestro exterior, por lo menos, al principio. Dios mira en nuestro interior, siempre.

Tal vez, eres de los que creen que no deberían juzgarte por tu apariencia personal. Pues permíteme que te diga que la gente ¡sí lo hace! Y dado que lo hace, debes hacer un esfuerzo para mejorar tu aspecto (existe un montón de buenos libros sobre el tema, de modo que consúltalos en tu librería o biblioteca preferida).

Otro aspecto del desarrollo físico tiene que ver con estar en forma. El cuerpo y la mente trabajan juntos. Y para que tu mente tenga suficiente energía para luchar, tu cuerpo debe estar en tan buena forma como le sea posible.

¿Realizas algún programa regular de ejercicios? Si no es así, búscate uno y ponte en marcha. Por otro lado, asegúrate de prestarle atención a tu alimentación y a los suplementos nutricionales que tomas, si es el caso.

Desarrollo mental

Para la mayor parte de la gente, el desarrollo mental se detiene a una edad temprana. Esto se debe a que, una vez que han conseguido un buen trabajo, es fácil que muchos dejen de ejercitar su desarrollo mental.

¿Has oído hablar de la curva de aprendizaje acelerada? Desde que nacemos, hasta los 18 años, nuestra curva de aprendizaje es espectacular. Aprendemos una gran cantidad de cosas y bastante rápido; pero al hacernos adultos, y encontrar nuestro nicho en el mercado de trabajo, nuestra curva de aprendizaje se vuelve plana.

Hace algún tiempo, si lo único que querías era una vida dentro de la media, esta mentalidad de crecimiento podía ser aceptable. Digo "podía ser", porque ya ha dejado de ser así. Las últimas décadas del siglo XX fueron exigentes respecto al crecimiento y al aprendizaje constante.

Mientras la tecnología sigue acelerando el ritmo de los cambios en muchas áreas, ya resulta impensable tener un trabajo y tratar de permanecer en él sin variación alguna durante 40 años. La mentalidad que existía antes con "mi abuelo trabajaba aquí, mi padre trabaja aquí y ahora yo trabajo aquí" ha ido muriendo y llevándose con ella las esperanzas de aquellos que no están dispuestos a aceptar la necesidad de crecer y adaptarse.

Por el lado positivo, ¿te imaginas en lo que llegarás a convertirte si eres capaz de mantener una curva de aprendizaje acelerada a lo largo de tu vida? ¿Te imaginas qué habilidades tendrás que desarrollar y qué capacidad de percepción alcanzarás?

EN POS DE LA DISCIPLINA

Dado que formar un hábito de crecimiento personal requerirá el esfuerzo constante que solo proporciona la disciplina, permíteme darte la clave que te abrirá las puertas hacia ella.

Comienza con disciplinas pequeñas y busca la manera de enlazarlas unas con las otras. Poco a poco, descubrirás que, abordando numerosas y pequeñas disciplinas, terminarás habiendo dominado una disciplina mucho más grande.

Te insto a asumir un pequeño reto, algo que puedas hacer ahora mismo. Luego, ponte otro. Al cabo de un tiempo, cuando los grandes desafíos se crucen en tu camino, sabrás gestionarlos con total confianza.

¿Quieres perder peso? Empieza por comer tu pan sin mantequilla. ¿Quieres ir a Europa? Empieza por ahorrar $20 dólares cada semana.

¿Quieres ser puntual? Empieza a levantarte de la cama media hora antes.

¿Quieres hacer una venta de millones de dólares? Empieza por hacer una venta de $50.

Como dice Robert Schuller, "centímetro a centímetro, todo se convierte en un juego de niños". Pero si nunca emprendes tareas pequeñas, nadie, incluido tú mismo, confiará en ti para llevar a cabo las grandes. No hagas como aquel hombre que salió de su casa pavoneándose de que iba a enderezar las ganancias de su empresa y, sin embargo, él aún no había sido capaz de equilibrar su propio presupuesto personal; ¿a quién quería engañar?

Como ves, todo influye en todo lo demás. Cada disciplina, o la falta de ella, afecta a todas las demás disciplinas.

Erróneamente, alguien afirmó en una ocasión: "Esta es la única área en la cual no hago bien las cosas". Eso no es posible; un área deficiente afectará el resto de tu rendimiento. ¿Y, sabes por qué? Porque hacer menos de lo que eres capaz de hacer reduce la autoestima. Y la falta de autoestima es el mayor impedimento para alcanzar el éxito.

AUTOMOTIVACIÓN

En una ocasión, realicé una gira de conferencias por Australia. Allí, fui entrevistado por algunos medios de comunicación que me preguntaron si yo era uno de esos motivadores americanos. "Actualmente", les respondí, "soy un hombre de negocios". Puedo compartir con los demás mis ideas y mis experiencias, pero son ellos quienes tienen que conseguir motivarse a sí mismos.

Me tomó cierto tiempo, pero al final me di cuenta de que no es posible cambiar a los demás. Dios sabe que lo intenté.

Alguna vez, estuve dirigiendo a un grupo de vendedores desmotivados. Vi que se me presentaba un desafío interesante y me dije: "Voy a hacer de ellos unos vendedores de éxito aunque muera en el intento". ¿Y, adivinas qué pasó? Que casi muero.

Las personas válidas se encuentran, no se cambian. Seguro que pueden cambiarse a sí mismas, pero ni tú, ni yo lograremos cambiarlas. En ocasiones, la gente me pregunta: "¿Cómo puedo reclutar a gente válida?". Yo les respondo: "Encontrando a gente válida". Esta es la mejor respuesta que se me ocurre darles.

La primera regla de la gestión del éxito es: *no mandes a tus patos a la escuela de las águilas*. ¿Y sabes por qué? Porque no funcionaría. Todo lo que obtendrías serían patos infelices. Ellos no van a volar como las águilas, sino que van a seguir con sus graznidos. Y te defecarán encima; lo sé de manera cierta, pues lo he comprobado.

Hace poco, me llamó la atención un anuncio de una cadena hotelera que ocupaba una página entera. El titular decía: "No enseñamos a nuestra gente a ser amable". En seguida, con una letra más pequeña, continuaba: "Simplemente, contratamos a gente amable".

¡Qué anuncio más brillante!

La motivación es un misterio. ¿Por qué un vendedor visita a su primer cliente potencial a las 7:00 am y otro se levanta de la cama a las 11:00 am? No lo sé. Esa respuesta forma parte de los misterios de la vida.

Otro ejemplo: acabo de dar una conferencia frente a 1.000 personas; una sale de allí y dice: "Voy a cambiar mi vida"; y otra, después de bostezar, murmura para sí misma: "Ya he oído todas estas cosas antes". ¿A qué se debe esta diferencia? ¿Por qué mi conferencia no ha impactado a ambos de la misma manera? Otro misterio.

Un millonario les dice en una charla a 1.000 personas: "Leí este libro y gracias a él inicié el camino hacia la riqueza". ¿Adivinas cuántas personas adquirirán ese mismo libro después de la charla? Efectivamente... muy pocas... ¿no es increíble? ¿Por qué no todas tratan de conseguir el libro? Ese es un misterio de la vida.

En estos momentos, ya tienes mucho camino recorrido. Que estés leyendo este libro demuestra que dispones de la motivación interna para crecer y cambiar. Te insto a que edifiques sobre esta base de conocimiento adquirido, a fin de convertirte en todo lo que eres capaz.

¡Sé que lo harás!

CUARTA ESTRATEGIA

Organiza tus finanzas

Capítulo siete

Hacia la libertad financiera

El dinero es un tema emocional y la mayoría de nosotros experimenta sentimientos ambivalentes acerca de él. Por un lado, queremos la seguridad y la comodidad que nos brinda una buena fuente de ingresos; por otro, pensamos que el éxito financiero podría corromper de alguna manera nuestros principios éticos y esa posibilidad nos asusta. Sin duda, la televisión y las películas influyen mucho en esto último mediante la caracterización de personajes adinerados que son manipuladores y malvados. ¿Cuándo fue la última vez que viste un programa en que el "bueno de la película" fuera rico?

En los círculos religiosos, con frecuencia observamos que la Biblia es mal interpretada por personas bien intencionadas. Por ejemplo, en lugar de enseñar que "el amor al dinero es la raíz de todo mal", hay quienes enseñan que "el dinero es la raíz de todo mal". Lo lógico y lo correcto sería citar la frase completa que lo que sostiene es que, si conviertes al dinero en tu único amor, y te afanas en enriquecerte con exclusión o a expensas de otros valores, estás perdiendo en lugar de ganar.

Sin embargo, consideremos la siguiente cuestión: ¿si pudieras ganar mucho más, lo harías? Durante el tiempo que les destinas al trabajo y a ganar dinero, ¿no deberías intentar conseguir el máximo posible de resultados?

Creo que la mayor satisfacción de la vida nos llega a quienes convertimos en un hábito el hecho de hacer las cosas lo mejor posibles con los recursos que tengamos. De hecho, hacer menos de lo que somos capaces tiene consecuencias negativas en nuestra *psique*.

Los humanos somos seres emprendedores. Las estaciones representan un desafío para nosotros. Observamos la tierra, el sol, la lluvia y las semillas, y sentimos una necesidad urgente de aprovechar estos recursos. Es como si la vida y la naturaleza nos estuvieran diciendo: "¿Eres capaz de hacer algo único con nosotros? Somos las materias primas, ¿qué cosas extraordinarias lograrás mientras estás aquí?".

Tú y yo, como seres de raíz emprendedora, no deberíamos renunciar a las grandes posibilidades que tenemos, ni a nuestro alto nivel de productividad, ni al uso pleno de nuestra genialidad... en definitiva, no deberíamos renunciar a desarrollar nuestro potencial en todas las áreas de nuestra vida, incluida nuestra capacidad para generar riqueza financiera. Esa es la esencia de la vida.

Las personas sabias tienen muy claro que no es la cantidad lo que importa; lo importante es utilizar al máximo todas las habilidades que Dios nos dio.

Esta última idea —hacer todo lo que podamos con lo que tenemos— es la esencia de un libro muy especial que lleva por título *El hombre más rico de Babilonia*, escrito por George Clayson. Es corto y fácil de leer de una sola vez. Sin embargo, abarca lo fundamental. Yo lo llamo "el aperitivo para hacer un debate completo sobre la independencia financiera" y te lo recomiendo fervientemente.

Nuestras acciones y adquisiciones dicen mucho de nosotros. Revelan nuestra filosofía de vida, nuestra actitud, nuestros conocimientos e ideas e incluso nuestro carácter, pues lo interior siempre se ve reflejado en lo exterior; nuestra manera de actuar proporciona una información directa sobre nuestra capacidad de percibir y sopesar las cosas.

Un refrán dice: "Lo que haces habla tan alto que no puedo oír lo que estás diciendo".

No hay escapatoria: todo lo que manifestamos es síntoma de algo, tanto para bien como para mal. Por eso, una buena estrategia es no ignorar los síntomas. En caso de que algo en tu vida no esté funcionando como debería, los síntomas que manifiestas actúan como una alarma previa que les está avisando a quienes estén dispuestos a escuchar que algo tiene que cambiar.

Por ejemplo, podrías echarle un vistazo a tu estilo de vida en relación con tus ingresos. Si estás gastando más de lo que ganas, lo más probable es que estés cometiendo un lento suicidio financiero. Así que el próximo "juguete" que adquirieras a plazos podría ser nada menos que otra dosis de veneno servido en bandeja de plata.

Observa lo que estás haciendo con tus ingresos actuales. ¿Estás usándolos sabiamente, es decir, no gastándote más de un 70% de lo que ganas? ¿O quizás estás gastándote algunos cientos o miles de dólares al mes por encima de tus ingresos? Échales un vistazo a los síntomas antes de que sea demasiado tarde.

Recuerdo una vez que le dije a Shoaff: "Si hubiera tenido más dinero, ahora podría tener un mejor plan". No acababa yo de decir eso cuando él me respondió: "En todo caso, déjame sugerirte que si hubieras tenido un mejor plan, ahora tendrías más dinero". ¡Este es un concepto fundamental! Ya lo ves, lo que cuenta no es la cantidad de dinero, sino el plan que tengas. Lo importante no es la cantidad que inviertas, sino cómo la inviertas.

DIVIDIENDO EL PASTEL FINANCIERO

¿Cuándo fue la última vez que alguien te enseñó cómo funciona nuestro sistema económico? (No me estoy refiriendo a la teoría expuesta en los libros de finanzas, sino en términos de la vida real, de la economía diaria). ¿Te han explicado alguna vez sobre cuál es la manera más inteligente de invertir cada dólar que ganas? Te lo pregunto porque, en mi caso, nadie me enseñó nada de esto hasta que llegó Shoaff y me llevó de la mano con toda la paciencia del caso y me explicó todo al respecto.

La economía de la vida real es quizás una de las omisiones más evidentes de nuestro sistema educativo. Digo esto porque en mis viajes para dar conferencias por todo el mundo me encuentro a cada instante con personas que poseen un alto nivel de formación profesional —médicos, abogados, altos ejecutivos, incluso empresarios— que no tienen ni la más vaga idea acerca de cómo administrar sus finanzas.

Quizás ellos, expertos en otros campos, serán capaces de leer complejos informes anuales, pero no parecen entender el funcionamiento de la economía diaria; no saben asimilar el tipo de economía que se requiere para ser financieramente independientes de una manera estable, permanente y fiable.

A causa de esta ignorancia, tampoco ellos les enseñan sobre economía básica a sus hijos. Y, de este modo, generación tras generación permanece ignorante del milagro que resulta ser el sistema de libre empresa.

Perdóname, entonces, por dedicar una parte de esta lectura a revisar la forma adecuada de invertir para generar riqueza.

Impuestos

Soy consciente de que, a primera vista, utilizar el tema de los impuestos para iniciar una explicación sobre cómo generar riqueza parecerá un tanto extraño. Y, sin embargo, a lo largo de nuestra vida, ya seamos jóvenes o viejos, debemos aprender sobre la necesidad de pagar impuestos. Tan pronto como tengan dinero, nuestros hijos también deben aprender que, en el momento en que van a gastarlo, se convierten de inmediato en consumidores. Y, todos los consumidores de bienes y servicios, no importa lo jóvenes que sean, deben pagar impuestos.

Si un niño que tiene tan solo 6 años de edad va por primera vez a la tienda a comprar algo que le cuesta $1 dólar, el propietario le solicitará $0,06 centavos adicionales. Quizá el niño mire la etiqueta del precio y le pregunte para qué son esos $0,06 centavos. Ese es el momento preciso para ofrecerle una explicación completa, pues si el vendedor va a quedarse con sus $0,06 centavos, ¿no debería explicarle al niño a dónde va a ir destinado su dinero? Después de todo, son sus $0,06 centavos y él tiene todo el derecho de preguntarle al tendero por qué se los queda. Ese es el momento ideal para que el vendedor le explique que son para los impuestos, que él no se los queda, sino que, simplemente, los recoge.

Las dos preguntas siguientes que obviamente podría hacer el mismo niño, estarían referidas a saber quién se los queda y para qué los utiliza. Y con estas preguntas, llegan respuestas muy importantes. Todo esto se le debe explicar al niño, ya que entre todos hemos acordado vivir juntos y formamos una sociedad en la cual, para que esta funcione como debe ser, existen algunas cosas que no podemos realizar individualmente.

Por ejemplo, no podemos construirnos nuestro propio tramo de calle; la maquinaria que se requiere para hacerlo resultaría demasiado cara y nos tomaría demasiado tiempo aprender a usarla. De modo que, para eso, tenemos un gobierno que está compuesto por personas que se encargan de realizar tareas que nosotros mismos no podemos o no queremos hacer. Y, debido a que hay que pagar para hacer las calles, las aceras, tener un cuerpo de policía y de bomberos, entre todos hemos acordado aportarle algo de dinero al gobierno cada vez que hacemos compras.

Entender esto es importante. Nuestros hijos tienen que aprenderlo bien; nosotros también tenemos que aprenderlo.

A continuación, vienen los impuestos estatales; existe una manera muy clara de explicarlos, yo la llamo "los cuidados de la gallina de los huevos de oro". Hay que alimentarla y cuidarla bien, sin abusar de ella, ni tirarle de las plumas.

Pero ¿qué es lo que acabas de decir? ¿Que la gallina come demasiado? Eso tal vez sea cierto, pero ¿no comemos todos demasiado? Si es así, un apetito no puede acusar a otro. Si te subes a la báscula y pesas cinco kilos de más, tendrás que decir: "Sí, el gobierno y yo tenemos cinco kilos de más cada uno; parece que ambos comemos demasiado". No hay duda sobre este tema. Cada apetito —el tuyo, el mío y el del gobierno— debe ser disciplinado. Ciertamente, ¡también podríamos ponernos todos a dieta!

En definitiva, Shoaff me instaba a convertirme en un feliz contribuyente. Debo admitir que al principio me costó un poco, pero al fin llegué a ser un contribuyente feliz. Parte de esta transformación se produjo cuando empecé a comprender la función que desempeñan los impuestos y que es justo para todos que cada uno sea responsable y aporte la parte que le corresponde.

Fue así como decidí que no me importaba aportar mi granito de arena para la defensa del país. Para la seguridad de nuestro país es necesario mantener alejados a los matones internacionales. Algunas personas comentan: "¿Por qué nos armarnos con equipamientos tan costosos? Hasta aquí no van a venir". Es obvio que, en su momento, quienes piensan de esa manera no leyeron bien sus libros de Historia.

Los hay que dicen: "No estamos dispuestos a contribuir a los gastos de defensa". Pues bien, les sugiero que se vayan a vivir a algún sitio donde la defensa del país no vaya incluida en el paquete; lo más lógico es que, si uno va a disfrutar de los beneficios, le corresponde aportar su parte.

Jesús, el gran Maestro, dio un claro consejo cuando dijo: "Dad al César lo que es del César". Creo que esto queda bastante claro; por alguna razón, Jesús no hizo ninguna puntualización, ni se dedicó a criticar al gobierno. Todo lo que dijo fue: "Paga primero al César". Creo que no necesitamos ningún profeta para que nos explique el significado de este mandato de Jesús.

Pero, antes de que despidas a tu asesor fiscal, permíteme añadir lo siguiente: tampoco pagues más de la cuenta. Por todos los medios, intenta aprovechar las ventajas de los incentivos fiscales, pues estos se nos ofrecen como una recompensa por canalizar nuestro dinero hacia áreas donde el gobierno considera que ayuda en la economía.

En definitiva, lo que trato de decir es que, cuando todo ha sido computado, se han hecho todas las deducciones legítimas y llegas a la última fase de tu formulario del impuesto sobre la renta donde aparece una cantidad final, cualquiera que sea el importe, págalo.

Y págalo feliz, sabiendo que estás alimentando a la gallina de los huevos de oro; los huevos de oro de la libertad, de la seguridad, de la justicia y de la libre empresa.

Además, considero que todo el mundo debe pagar impuestos, incluidas las personas más pobres. No me importa si es tan solo $1 dólar al año, eso sería suficiente. Se trata de que cada uno tenga la oportunidad de disfrutar de la dignidad de pagar su parte justa.

Existe un relato sobre Jesús y algunos de sus discípulos, quienes estaban observando cómo la gente llegaba y ofrecía sus contribuciones al templo. Algunos daban cantidades abundantes. Otros, cantidades más pequeñas. En cierto momento, apareció en la escena una anciana diminuta que se acercó y, con mucho cuidado, puso dos monedas en las arcas. Jesús la señaló y dijo:

—"Mirad a esta mujer maravillosa que aporta sus dos monedas".

Los discípulos estaban desconcertados y exclamaron al unísono:

—"¡Dos monedas! De todas las magníficas donaciones que se han hecho hoy aquí, ¿por qué nos señalas a esta pobre mujer como ejemplo?".

Jesús les respondió:

—"No lo entendéis, pero ella dio más que nadie".

Los discípulos lo cuestionaron:

—"¿Dos monedas, más que cualquier otra persona? Explícanoslo, Maestro".

Él prosiguió:

—"Sí, para ella, las dos monedas eran todo lo que tenía".

¡Remarcable!

Pero, permíteme incidir en esta historia aún más. En ocasiones, lo que no se dice contiene una lección más profunda que lo que es dicho. Observa lo que Jesús no hizo: Él no fue a recoger las dos monedas de las arcas y se las devolvió a la anciana diciéndole: "Aquí, vieja mujer, nos hemos dado cuenta de que es usted tan pobre y tan mísera que vamos a devolverle sus dos monedas". ¡Eso habría significado un gran insulto para esa pobre señora! Seguramente, ella le habría contestado: "¿Cuál es el problema, es que mis dos monedas no son lo suficientemente genuinas? Representan una considerable porción de lo que yo poseo; ¿quiere quitarme mi dignidad?". Por supuesto, esta escena no ocurrió y es en ello que yace la lección más profunda.

La Regla del 70/30

Una vez pagues tu justa parte de impuestos, lo siguiente es aprender a vivir con el 70% de tus ingresos restantes. Esto es importante debido a la forma en que emplearás el 30% restante. El 70% lo gastarás en cosas tanto necesarias como superfluas. ¿Y el 30%? Sería sabio que lo distribuyeras como se sugiere acontinuación.

Caridad

Del 30% restante, un tercio debe destinarse a obras de caridad. La caridad es el acto de devolverle a la comunidad de lo que tú ya has recibido a fin de contribuir con quienes necesitan ayuda. Creo que contribuir con un 10% de tus ingresos libres de impuestos es una buena cantidad para cumplir ese propósito. Quizás elijas una cantidad mayor o menor... lo que tu plan te dictamine.

Algunas personas prefieren hacer su aporte a través de su iglesia o de una organización no gubernamental; otras prefieren aportar de manera individual y personalizada. El hecho es que, tanto si lo administras tú como si te lo administra una organización, asegúrate de apartar un porcentaje de tus ganancias para los más necesitados.

Debemos enseñar el acto de dar en la edad temprana de la vida. El mejor momento para enseñarle a un niño lo que es un acto de caridad es cuando él o ella obtienen su primer dólar. Llévatelos a dar una vuelta, acércalos a algún lugar donde las personas estén necesitadas para que les nazca el sentimiento de compasión. Si un niño lo comprende, no tendrá ningún problema en compartir $0,10 centavos, pues los niños tienen un gran corazón.

Existe una razón fundamental para enseñarles a los niños a compartir cuando las cantidades de dinero son pequeñas: resulta muy fácil donar $0,10 centavos de dólar. Pero es considerablemente más difícil hacer una donación de $100 mil dólares cuando disponemos de $1 millón. Quizá pienses: "Pues si yo tuviera $1 millón, no tendría ningún problema en donar $100 mil dólares". Yo no estaría muy seguro, $100 mil dólares es mucho dinero. Por esa razón es que nos interesa empezar temprano para poder desarrollar el hábito antes de que las grandes cantidades de dinero se crucen en el camino.

Capital de inversión

Con tu siguiente 10% de tus ingresos libres de impuestos vas a intentar generar riqueza. Este dinero lo dedicarás a comprar, reparar, fabricar o vender. La clave está en dedicarse a algún tipo de negocio, aunque solo sea a tiempo parcial.

Creo que, en este país, todos deberíamos participar en alguna forma de capitalismo. Aquí, creemos que el capital debe pertenecerle a la gente.

El comunismo, por el contrario, enseña que el capital debe pertenecer al Estado.

Esto supone un gran contraste de ideas. El comunismo confía muy poco en la capacidad individual de tomar decisiones inteligentes; así pues, los que están en el poder quieren mantenerlo todo centralizado, en manos del gobierno. En nuestro país, como en todos los demás países con libre empresa, creemos en la genialidad que reside en el individuo. Es el ciudadano, y no el Estado, el que presentará las innovaciones de bienes y servicios. La búsqueda del beneficio es un incentivo poderoso para construir una vida de abundancia para todo el mundo.

Así pues, ¿cómo vas con aquello de construir riqueza con el 10% de tus ingresos destinados a ello?

Existe una gran cantidad de maneras de hacerlo, deja volar tu imaginación. Echa un vistazo de cerca a esas habilidades que desarrollaste en tu trabajo o con tus aficiones; sin duda, tú eres capaz de construir con ellas una empresa rentable.

Además, también podrías aprender a comprar un producto al por mayor y venderlo al por menor; o comprar un terreno y explotarlo hasta incrementar su valor. Y, si eres lo suficientemente afortunado como para trabajar en un lugar donde te recompensan por tu rendimiento adicional, podrías obtener más ingresos e invertirlos en la compra de acciones.

Utiliza este 10% para comprar tu equipo, productos o acciones y ponte en marcha. Es posible que dentro de ti permanezca un genio dormido esperando a que lo despiertes mediante el chispazo de una buena oportunidad.

De todo eso, surge una posibilidad apasionante: ¿por qué no trabajar a tiempo completo en tu trabajo y a tiempo parcial en tu fortuna? En realidad, ¿por qué no? Qué grata sensación debe brindar el hecho de poder decir con toda honestidad: "Estoy trabajando no solo para pagar mis cuentas, sino también para llegar a ser rico".

Cuando tengas un plan de riqueza, estarás tan motivado, que por la noche no querrás irte a dormir.

Ahorro

El último 10% restante deberías asignarlo a los ahorros. Creo con toda sinceridad que este es uno de los puntos más emocionantes de tu plan de riqueza, porque es el que te dará la serenidad de estar preparado para los inviernos de la vida. Y a través de la magia del interés compuesto, apoyado por los nuevos planes de jubilación libres de impuestos que hoy están al alcance de todo trabajador en este país, es indudable que lograrás reunir caudalosos ahorros a lo largo de los años.

Economía 101: la visión de los niños

El mejor momento para enseñar qué es el capitalismo es cuando los niños descubren que pueden ganarse algo de dinero convirtiéndose en personas útiles. Por eso, más allá de asignarles un pago semanal, enséñales a tus hijos cuál es la manera de entrar en el reino de la verdadera empresa.

Por ejemplo, los niños deberían tener dos bicicletas: una para montar y otra para alquilar; de esa forma empezarían a entender el mundo de las transacciones. No hace falta mucho dinero para iniciarse en el mundo de los negocios; no es necesario disponer de $1 millón de dólares. Y la parte interesante es que ellos aprenderán los principios básicos de los negocios, como por ejemplo, los de la General Motors, mediante un pequeño y exitoso negocio de alquiler de bicicletas.

La siguiente es otra buena idea: enseñarles a comprar una botella de jabón por $2 dólares y luego venderla por $3 en la misma vecindad. Ese es capitalismo en acción; beneficios, productos y servicios brindados al mercado. Así es como se hacen las grandes fortunas.

Otro aspecto que podrías enseñarles está relacionado con la ventaja que ellos tienen de ser niños; diles que algunas personas les comprarán por el simple hecho de que ellos son niños.

Johnny sale de su casa, desciende calle abajo y llama a la puerta de la Sra. Jones. Ella responde y Johnny dice: "Sra. Jones, tengo esta botella de jabón, es el mejor que hay. Mi madre lo utiliza y muchas personas que conozco sé que no utilizarían ningún otro. Debería probarlo. Solo cuesta $3 dólares y, porque soy su vecino, cuidaré de usted. Y además... no soy más que un niño".

Ya ves, es así de simple. Este es un pequeño ejemplo de comercio en acción, del capitalismo en su nivel más básico.

La Sra. Jones le responde:

—"Johnny, te agradezco que hayas venido. Creo que tu producto es bueno, pero, para ser honesta contigo, tengo muchísimos jabones".

—"¿Me permite entrar a echarles un vistazo?", agrega Johnny contraatacando(los niños saben cómo vencer las objeciones; ellos no se entretienen con formalidades).

La Sra. Jones, sabiendo que sus reparos serán inútiles, acepta:

—"De acuerdo, seré tu clienta".

Johnny corre hacia casa emocionado y exclama:

—"Tengo $3 dólares para gastar".

—"Si te los gastas," le recuerdas, "estarás fuera del negocio".

—"¡Vaya!", suspira Johnny un poco decepcionado, "creo que entiendo lo que me quieres decir".

Entonces, le sigues explicando:

—"En primer lugar, debes reservar $2 dólares para invertirlos en otra botella de jabón. No puedes gastarte tu capital, al contrario, debes preservarlo cuidadosamente.

¿Qué pensarías de un agricultor que se comiera sus semillas de maíz? Sería un agricultor un poco tonto, ¿no crees? Así pues, el capital, conocido también como 'la semilla del dinero', debe ser protegido, pues es tu única oportunidad para otra cosecha".

Johnny no tendrá cómo rebatir tu explicación, así que, después de analizar tus palabras durante un instante, decide:

—"De acuerdo, voy a apartar $2 dólares para poder seguir en el negocio y así continuaré generando mi ganancia de $1 dólar. Pero, puedo gastar las ganancias del dólar, ¿verdad?".

Ahora, llega tu oportunidad para mostrarle a Johnny la diferencia entre permanecer pobre o convertirse en alguien rico. Así que síguele explicando:

—"Si gastas todas tus ganancias, terminarás arruinado e infeliz".

Lo más probable es que Johnny no entienda de lo que le hablas. Entonces, te lo llevas al barrio más pobre de la ciudad y le preguntas:

—"¿Quieres vivir así?".

—"No", responderá.

—"Muy bien, pues entonces no puedes gastarte todas tus ganancias".

—"Y ¿qué hago con ellas?".

—"Primero, debes pagar tus impuestos". Eso para los niños resulta fácil, pagan en el momento que gastan, a menos que empiecen a ganar una cantidad de dinero seria; en tal caso, deberás enseñarles algo acerca de los impuestos estatales (¿recuerdas a la gallina y sus huevos?).

A continuación, le recuerdas la necesidad de ser caritativo. Johnny recapitula:

— "Sí, cierto, aquí tengo $0,10 centavos para dárselos a los que necesitan un poco de ayuda. ¿Y ahora, puedo gastarme el resto?".

— "No, no. Así también terminarías arruinado y solo un poco menos infeliz".

— "Vale, de acuerdo, ¿y ahora qué?". Johnny se está impacientando.

— "Los $0,10 centavos siguientes de tu beneficio de $1 dólar son para el aumento de tu capital. Si sigues apartando $0,10 centavos por cada $1 dólar que ganas, algún día tendrás suficiente como para comprar dos botellas de jabón en vez de una".

— "Claro, desde luego". Ahora Johnny lo está realmente entendiendo. "Si puedo comprar dos botellas en vez de una, me ahorro un viaje y venderé más botellas".

— ¡Qué listo!

Luego, cuéntale que algunas empresas le cobrarán menos por botella al comprar dos; si venden una botella por $2 dólares, podrían venderle dos botellas por $3,80 dólares. Johnny está emocionado. "¡Caray!", exclama, "¡al venderlas, puedo sacarles incluso más beneficio!".

Y es cierto, todo el mundo se beneficia del aumento de capital; la empresa consigue vender dos botellas a la vez, Johnny se ahorra un viaje y algunos costes; además, mantendrá una parte de sus ahorros o los invertirá en la Sra. Jones como incentivo para que compre dos botellas en vez de una.

Johnny insiste:

—"Esto lo veo claro, pero ¿puedo ahora gastarme el resto de mis ganancias?".

—"No, todavía queda una cosa más por hacer, vamos a alquilarle tu dinero al banco".

—"¿Y eso cómo funciona?"

Entonces, le sigues explicando:

—"Del total de tus ganancias, necesitas apartar $0,10 centavos para colocarlos en una institución financiera como un banco, donde te pagarán una cuota por alquilar tu dinero. A eso lo llaman interés".

—"¿Y por qué un banco querría hacer esto?".

—"Porque algunos proyectos, como construir un rascacielos o una fábrica, requieren de un capital tan grande, que nadie dispone de él. Así pues, tenemos un sistema donde todos podemos invertir nuestro dinero en un banco para que este lo tome prestado y así disponga de la cantidad suficiente para la realización de esos grandes proyectos, los cuales contribuyen a generar más puestos de trabajo y, en definitiva, nos ayudan a todos. Mientras tanto, el banco te pagará por usar tu dinero".

—"¿Qué tipo de interés les pagan a los niños?".

— "El mismo que les pagan a los adultos".

Johnny se detiene un instante dudando de esto último:

— "¿Quieres decir que yo puedo obtener el interés de un adulto siendo aún un niño?".

—"Eso es, tu dinero puede crecer tan rápido como el de cualquier otra persona".

—";Y luego, puedo recuperar mi dinero?".

—"Por supuesto, y siempre tendrás más del que pusiste en tu cuenta".

—"Vaya, esto está bastante bien. ¿Ahora ya puedo gastar lo que me queda?".

—"Sí, Johnny, salgamos a comprar unos helados".

Apuesto a que tú ya sabías todo esto; pero cuando me encontré con Shoaff, teniendo yo 25 años, era tan ingenuo como Johnny. Me pregunto a cuántos adultos nunca se les enseñó cómo disponer de un plan de riqueza.

Si tienes hijos, asegúrate de explicárselo; enséñales que si empiezan a utilizar la fórmula del 70/30 mientras son jóvenes, llegarán a ser financieramente independientes a los 40 años. Entonces podrían pasarse el resto de sus vidas haciendo solo lo que les apetezca.

Permíteme dejar clara la diferencia entre ricos y pobres; la gente pobre gasta su dinero y ahorra lo que le queda; en cambio, los ricos ahorran su dinero y gastan lo que les queda. Es la misma cantidad de dinero, solo que manejado con una filosofía diferente.

Hace 20 años, conocí a dos empleados que ganaban cada uno $1.000 dólares al mes y gozaban de los mismos aumentos a lo largo de los años. Uno, tenía la filosofía de gastar su dinero y ahorrar lo que le quedara; en cambio, el otro, ahorraba primero y luego se gastaba lo que le quedara. Hoy, si los conocieses a ambos, a uno lo llamarías pobre y al otro, rico.

Pero el ahorro, al igual que cualquier otra forma de disciplina, tiene un efecto sutil. Al final de un día, de una semana o de un mes, los resultados son apenas perceptibles, pero deja que transcurran unos cinco años y las diferencias empezarán a ser pronunciadas. Al final de 10 años, serán espectaculares.

He aquí una gran lección que podríamos aprender de un pequeño miembro del reino animal. Se trata de "la filosofía de la hormiga". Ya sabes lo que hacen las hormigas. Incluso existe una frase bíblica que insta, sobre todo a los perezosos, a estudiar a las hormigas.

Las hormigas son únicas por dos razones:

Primero que todo, una hormiga nunca abandona. Si se dirige hacia algún sitio y tú le pones un obstáculo en su camino, ella intentará sortearlo subiéndose por encima, por debajo o quizás hasta lo rodee. Y si le quitas ese obstáculo, continuará con su camino a gran velocidad. Ahora, si le pones otro obstáculo, otra vez la hormiga buscará una forma de sortearlo: por encima, por debajo o alrededor. ¿Y sabes cuánto tiempo seguirá intentándolo? Hasta que muera. Una hormiga nunca abandonará...

¡Qué gran lección!

¿Y la segunda razón por la que las hormigas son únicas? Adivina qué planifican ellas durante todo el verano; cierto, el invierno. ¿Y cuánto recogerá una hormiga en todo el verano para estar preparada para el invierno? ¡Todo lo que pueda! ¡Qué lista!

¿Recuerdas la fábula de la cigarra y la hormiga? La cigarra se rio de la hormiga por almacenar grano durante todo el verano mientras ella seguía cantando alegremente sin preocuparse por el futuro. Cuando llegó el duro invierno, la cigarra pereció mientras que la hormiga tuvo reserva y en abundancia.

Rico o pobre, la diferencia viene dada no tanto por la cantidad de dinero que uno posea, sino por cómo utiliza lo que se gana. Así que la decisión es tuya.

Corregir el rumbo

¿Cuál es tu opinión sobre las personas mayores? ¿Las ves como que están algo desamparadas y que viven con recursos limitados? En realidad, esta es la condición predominante de la mayoría de los que pertenecen al grupo que conocemos como "la tercera edad".

¿No sería maravilloso si pudiéramos cambiar esa imagen? He elaborado una definición sobre lo que deberían ser los abuelos; su papel principal debería consistir en enseñarles a sus nietos sobre cómo ser ricos, cultos y felices "igual que nosotros". Los abuelos no deberían tener que decir nunca: "He trabajado toda mi vida y ahora necesito que me ayuden". Por el contrario, deberían ser capaces de decir: "He trabajado toda mi vida; ahora puedo ayudar".

Si no eres independiente en el aspecto financiero a los 40 o 50 años de edad, eso no significa que vivas en el país equivocado, ni en la comunidad equivocada, ni que te encuentres en el momento equivocado, ni que tú no seas la persona adecuada para ello. Simplemente, lo que esto significa es que tienes el plan equivocado.

Y estás lejos de ser el único, la mayoría de nosotros también nos hemos desviado del rumbo marcado más de una vez.

Los que mandan un cohete a la Luna saben que este, a la larga, se desviará un poco de su rumbo. Los sistemas iniciales de guiado de la nave no serán suficientes para todo el viaje, motivo por el cual se necesitará de un corrector de rumbo.

Tú y yo no somos diferentes; de vez en cuando, también debemos ajustar la corrección de nuestro rumbo si queremos ser independientes a nivel financiero. Después de todo, ¿no te gustaría ser la clase de abuelo que representa un modelo de riqueza y felicidad?

El registro constante

Poco después de conocer a Shoaff, él me preguntó si tenía un balance financiero. "¿Qué es un balance financiero?", le pregunté. Shoaff me explicó con su acostumbrada paciencia que es una herramienta muy importante para saber con exactitud dónde estás sin engañarte a ti mismo. Solo cuando sabes dónde estás, tienes la manera de confeccionar un buen plan e ir hacia adelante, hacia donde deseas estar.

No es difícil de hacer. Lo que tienes que hacer es anotar el valor de tus activos a un lado de una hoja de papel, así como el total de lo que debes, es decir, los pasivos, en el otro lado de la hoja. Entonces, si restas tus deudas de tus activos, obtendrás una cifra que será tu capital neto. Este ejercicio matemático no significa nada con respecto a lo que tú vales como persona, pero te indica el valor neto que posees en términos monetarios.

En seguida, le dije a Shoaff: "Mi balance financiero no va a ser muy elevado". Él me respondió: "La cantidad no es lo importante. Lo que en realidad cuenta es lo que hagas con esa cantidad".

Y así fue cómo preparé mi primer balance financiero. Tenía muchísimas deudas; les debía dinero a mis padres y a una compañía financiera; también aparecía la deuda de mi auto y los pagos mensuales que tenía que hacerles a otras instituciones. Por otro lado, en el lado de los activos, iba raspado. Anoté todo lo que se me ocurrió en ese momento, ¡incluso mis zapatos! Después de todo, algo de valor tenían. El hecho es que, en definitiva, ¡qué vergonzoso tener tan poca cosa después de seis años de trabajo!

Seguro que tú lo estás haciendo mucho mejor. Pero, sea como sea, necesitas tener un balance financiero. Recuerda que no tienes que publicarlo en ningún sitio; no es necesario que lo proclames por todo el vecindario, pero sí es muy importante que sepas cuál es el saldo que arroja tu actual plan financiero.

Habiéndolo establecido, empieza a llevar al día tus libros de registro de tus ingresos y tus gastos. Supongo que alguna vez habrás oído decir: "No sé por dónde, ni en qué se me va mi dinero". No seas nunca el que lo diga; a partir de ahora, establece la costumbre de saber muy en detalle a dónde va y de dónde viene tu dinero.

Aprendí que generar grandes sumas de dinero no es suficiente. Descubrí que cualquiera puede ganar $10 mil dólares al mes y, a pesar de todo, terminar arruinado. Quizás exclamarás: "¿Y cómo puede uno terminar arruinado ganándose $10 mil dólares al mes?". Es muy fácil: gastándose $11 mil. Y créeme, cuando ganas $10 mil, no es difícil gastarte $11 mil. Como alguien dijo una vez: "Si tus gastos exceden a tus ingresos, no debes mantener esa situación".

Así pues, conviértete en un experto de lo que tienes y de lo que eres. Así es cómo se siembran las semillas de la grandeza: riqueza abundante, buena salud, buenos resultados, alta influencia y un gran estilo de vida. Interésate, e incluso deléitate, en hacer bien las cosas pequeñas. Ese hábito te ayudará a convertirte en una persona sabia, en alguien que conoce y practica las estrategias fundamentales necesarias para alcanzar riqueza y felicidad.

Un versículo bíblico dice que si te mantienes fiel en pequeñas cosas, algún día llegarás a dominar cosas más importantes. Así de simple, esa idea es la que cuenta. La vida es reacia a entregarles fortuna y responsabilidad a quienes echan a perder su sueldo. De modo que, asume la responsabilidad de llevar un registro de tu vida financiera y habrás dado un paso de gigante para que te sea confiada una vida de abundancia.

Actitud ante la riqueza y la felicidad

Antes, solía decir: "No me gusta pagar impuestos".

Y un día, Shoaff me respondió: "Bueno, puedes vivir con esta percepción si prefieres; sin duda, todos somos libres de adoptar una actitud de entre muchas".

Me quedé un poco perplejo. Yo pensaba que esa era la única actitud que podía adoptar. Me pregunté qué querría decir con eso.

También solía decir: "Odio pagar mis cuentas".

Y él me respondía: "Bueno, puedes vivir de esta manera, si quieres".

Yo pensaba que la mía era la única manera posible de vivir.

Y también solía decir: "No soporto tener que desprenderme de mi dinero".

Shoaff me dijo: "Esa es una actitud sobre la que también eres libre de elegir".

Finalmente, le pregunté: "¿Es que existe otra forma de enfocar todo esto?".

Shoaff me respondió: "¿Qué pasaría si dijeses, 'me gusta pagar mis impuestos porque ese es mi aporte al cuidado y a la alimentación de la gallina de los huevos de oro'? ¿Qué pasaría si dijeras, 'me gusta pagar mis cuentas, reducir mis pasivos e incrementar mis activos?'. Y que te parecería decir: 'Me entusiasma desprenderme de mi dinero para ponerlo en circulación hacia donde pueda ayudar a construir una economía dinámica'. ¿No sería mucho mejor aprender a amar esos temas en vez de odiarlos?".

¡Qué increíble manera de enfocar la vida! Y aunque me tomó cierto tiempo aprender a decir con honestidad "me gusta", el hecho de cambiar y pasar de "odiar" a "amar" marcó una diferencia tremenda en mi vida.

Shoaff me enseñó a pagar con entusiasmo incluso las cuotas de mi auto. Me dijo: "La próxima vez que pagues los $100 dólares de tu préstamo, añade una nota dentro del sobre que diga, 'con todo mi entusiasmo, les envío los $100 dólares'". Luego, con una amplia sonrisa, continuó: "No te imaginas el revuelo que causará tu nota cuando la reciban". Y es que no les suelen llegar muchas notas como esa. Pero la más importante es el efecto que causará en ti; te sentirás en control y aplicando una filosofía de vida que te traerá alegría en vez de frustración.

¿Independencia financiera? ¡Tú puedes obtenerla! ¿Por qué no empezar hoy mismo? Todo lo que necesitas es la disciplina necesaria para aplicar la Regla del 70/30 en tu vida. Seas joven o de edad avanzada, nunca es demasiado tarde para volver al camino correcto.

QUINTA ESTRATEGIA

Administra
tu tiempo

Capítulo ocho

Sé sabio en el manejo de tu tiempo

Unos años atrás, mientras me encontraba de gira haciendo unas conferencias en África del Sur, cayó en mis manos un breve ensayo de Arnold Bennet sobre el tema del tiempo. Me gustó tanto, que quiero compartirlo contigo:

El tiempo es la inexplicable materia prima de todo. Con él, todo es posible; sin él, nada. La provisión de tiempo es un verdadero milagro diario, un asunto que, cuando uno lo examinas es realmente sorprendente.

Te despiertas por la mañana y ¡ahí está! Tu bolsa llena con 24 milagrosas horas más de tu vida. Y son solo tuyas. Es la más preciada de las posesiones... nadie te la puede quitar, ni nunca te la podrán robar. Y nadie recibe de más o de menos.

En el reino del tiempo no existe ninguna aristocracia de la riqueza, ni ninguna aristocracia del intelecto. Los genios nunca han sido, ni serán recompensados con ni siquiera con una hora extra al día. Tampoco existe ninguna restricción; gasta tu posesión más preciosa a tu voluntad y, aun así, su suministro nunca te será denegado.

Por otra parte, tampoco puedes disponer de tiempo futuro. ¡Imposible entrar en deuda! Tú solo gastas el momento presente, pues no es posible desperdiciar el mañana, este se conserva intacto para ti.

He comentado que todo esto es un milagro, ¿no es cierto? Dispones de 24 horas diarias de tiempo. Con ellas deseas disfrutar de salud, placer, dinero, satisfacción, respeto y de la evolución de tu alma inmortal.

Su utilización más adecuada y más efectiva es un asunto de alta urgencia y de trepidante actualidad. Todo depende de ello. Tu felicidad —el esquivo premio que todos queremos alzar— depende de ello.

Si uno no puede asegurar que un ingreso de 24 horas cubra a cabalidad con todas las partidas del gasto, su vida entera continuará enmarañándose indefinidamente.

Nunca conseguiremos más tiempo. Tenemos, y siempre hemos tenido, todo el tiempo que existe disponible.

CUATRO ACTITUDES RESPECTO AL MANEJO DEL TIEMPO

El tiempo es el bien más antiguo del que disponemos, y cómo lo gestionemos tendrá un profundo efecto sobre el resultado de nuestra vida. Cada uno de nosotros ha desarrollado una actitud hacia el tiempo, tanto si somos conscientes de ello como si no. Esta actitud determina el enfoque que tiene cada persona hacia la asignación de su tiempo.

Existen cuatro actitudes distintas sobre el tiempo y cada una de ellas crea un estilo de vida muy diferente:

La mentalidad del despreocupado

Los despreocupados ignoran el tema del tiempo en todo su conjunto. Ellos decidieron mantener su estilo de vida tan desorganizado como fuera posible y dejan que su vida navegue sin rumbo alguno —como plantas en el desierto llevadas por el viento—, gozando de la incertidumbre y de la espontaneidad que acompaña a ese estilo de vida.

Si llevan a cabo un trabajo, por lo general, este suele ser temporal, ya que se rebelan contra cualquier estructura o cualquier otro intento que tienda a controlarles su tiempo. El típico despreocupado dirá: "He sido impuntual toda mi vida, me parece imposible sujetarme al tiempo. ¡Al diablo con eso! Voy a tomármelo con calma e iré a donde tenga que ir y cuando me apetezca".

¿Algún error en esta actitud? ¡Quién soy yo para decirlo! Es tu vida. Pero, si te sientes atraído por este modo de vida, ten en cuenta que esta actitud de ir a la deriva por los caminos y las carreteras de la vida obstaculiza cualquier posibilidad de progreso real. No es posible vagar sin rumbo hacia una vida mejor.

El trabajador de 9:00 a 5:00

Otro grupo de personas, quizá la mayoría, ha adoptado una actitud sobre el tiempo que se podría ubicar entre la del despreocupado y la del adicto al trabajo. Ellos parecen rendir mejor con un nivel moderado de estrés y suelen ocuparse de pocos proyectos a la vez; les gusta disponer de las tardes libres para tener la libertad de "oler las flores" a lo largo de su vida.

Un hombre trabaja en una empresa y luego decide montar su propio negocio. Pero cuando sus responsabilidades crecen, cuando se da cuenta de que le toca llegar al trabajo antes que nadie e irse a casa mucho después que el conserje, piensa: "¡Prefiero trabajar para alguien! ¡Que toda la gloria y los dolores de cabeza se los lleven otros!".

¿Se equivoca? Por supuesto que no, sobre todo, si sus únicas dos opciones son trabajar pendiente del reloj o trabajar de 9:00 a 5:00 (tal y como verás cuando hablemos sobre la cuarta actitud de la gestión del tiempo, estas no son sus dos únicas opciones). Cuando este hombre trató de llevar su propio negocio, tal responsabilidad superó el nivel máximo de horas con las que él era capaz de comprometerse para poder dirigirlo como debía ser. Por esa razón, decidió alejarse del reto que se había puesto, convencido de que el precio del éxito era demasiado alto para él.

No todo el mundo es capaz de soportar el alto precio del éxito. Esta situación no solo se da en el caso de montar un negocio propio, sino que también les sucede a algunos ejecutivos que conozco, que trabajan en grandes corporaciones. He aquí una historia que ilustra bien la necesidad de poner límites a un precio que, de otra manera, a algunos les tocaría pagar muy alto.

Una niña le preguntó a su madre: "¿Por qué papá no juega nunca conmigo? Llega a casa del trabajo y va directo a su estudio. Y tan pronto como hemos terminado de cenar, vuelve al estudio a seguir trabajando. Yo quiero jugar con mi papá, ¿es qué ya no me quiere?".

La mamá, escondiendo sus propias lágrimas de soledad y dolor, trata de explicarle: "Cariño, papá está muy ocupado. Él te quiere mucho y por eso trabaja tan duro. Tiene tanto que hacer en la oficina, que tiene que traer algunas cosas para terminarlas en casa".

La niña se quedó pensando por un momento en lo que su madre le acababa de decir. De pronto, sus ojos se iluminaron y dijo: "Bueno, si papá no logra terminar su trabajo en la oficina, ¿por qué no lo ponen en el grupo de los lentos?".

En realidad, ¿por qué no? Existe límite con respecto a lo que una persona debería pagar para lograr el éxito financiero y profesional. Y ese límite se impone cuando otros valores importantes son sacrificados en pro del éxito material.

Lo sé... yo también pasé por situaciones semejantes en mi vida, todo para descubrir más adelante que pagué un precio demasiado alto. Si hubiera sabido en ese momento lo caro que me costaría, nunca hubiera actuado como actué.

El adicto al trabajo

El anticuado concepto del éxito —caracterizado por ejemplo por Willy Loman, el personaje de *Muerte de un viajante*— es el de una persona trabajando intensamente durante toda su vida. Para el adicto al trabajo no existe trabajo suficiente. Él o ella trabajan 10, 12 y hasta 14 o más horas al día sin parar. El adicto al trabajo intentará tener dos empleos; y cuando termine en uno, empezará en el otro. Se sentirá satisfecho solo cuando luche contra las horas de sueño; se negará a todo disfrute y cada vez tendrá más tareas terminadas o por hacer.

Todos conocemos el resultado de este tipo de comportamiento. A pesar de que este tipo de persona provoca a menudo la admiración de los de fuera, su comportamiento adictivo al trabajo suele causar distanciamiento en la familia, pérdida de la salud y, por último, desemboca en una crisis de valores.

Lo irónico de esta manera de pensar es que el adicto al trabajo no es siempre el empleado que más dinero gana. Eso es así porque, casi siempre, él o ella se encuentran más orientados hacia la tarea que hacia los resultados en sí.

Si yo tuviera que elegir entre las tres actitudes sobre la gestión del tiempo que he descrito hasta ahora, me resultaría difícil elegir esta última. Por fortuna, existe otra actitud sobre el tiempo que, a mi modo de ver, considero ideal:

El administrador eficaz del tiempo

El cuarto y más luminoso enfoque del tiempo posee algunas de las características de los otros tres que hemos visto hasta ahora. El administrador eficaz del tiempo se asigna a sí mismo un espacio para divagar y no hacer nada, de tal manera, que lo programa en su horario. Igual que el trabajador de 9:00 a 5:00, él también sabe limitar las horas de trabajo para dedicarles tiempo de calidad a otros valores importantes de su lista, como por ejemplo, a la familia. Por otro lado, igual que hace el adicto al trabajo, no le asusta tener que trabajar durante largas horas, pero solo cuando sea estrictamente necesario.

Lo que convierte en eficaz al administrador del tiempo es su capacidad para programar algunas horas de trabajo y, aun así, lograr sacar adelante mucho más que el adicto al trabajo. ¿Cómo lo hace? Simplemente, trabajando de manera más inteligente, es decir, centrándose en la cantidad de productividad por hora, en lugar de trabajar más horas.

Los buenos administradores del tiempo siempre están en busca de nuevas formas para multiplicar su productividad; en otras palabras, generan riqueza aprovechándose del uso de "palancas" que los ayuden a catapultarse.

Esta estrategia te permitiría multiplicar tus recursos en cualquier momento; por ejemplo, accionarías la palanca del dinero pidiendo un préstamo para comprar una propiedad o para montar un negocio: también podrías emplear la palanca del tiempo multiplicando tus esfuerzos mediante la contratación de vendedores activos y con ganas de crecimiento o delegando las tareas menos productivas a empleados competentes.

EL DOMINIO DEL TIEMPO

Lo siguiente es clave para comprender la administración del tiempo: o eres tú quién dirige las horas del día o estas te dirigirán a ti. De lo que se trata es de tomar la firme decisión de estar al mando; todos sabemos que es mucho más fácil ceder el control, entregar las riendas y perder la autoridad y la capacidad para dirigir nuestro tiempo.

Una de las mejores maneras de comenzar a recuperar el control sobre nuestra manera de utilizarlo es aprendiendo la palabra más eficaz de la administración del tiempo. ¿Sabes cuál es? "No". Aprende a decir "no".

Yo todavía tengo dificultades con este tema. Es muy fácil decirle sí a todo, lo cierto es que nos gusta mostrarnos amables, pero el resultado de decir "sí" es que después pasamos largas horas tratando de terminar ciertas obligaciones que nunca deberíamos haber aceptado. Esta es una de las grandes causas por la cual muchos pierden el tiempo.

En mi caso, tuve que aprender a decir "no" y lo hago de la forma más amable posible. ¿Cómo? Así es como lo hago, diciendo: "No, no creo que pueda, pero si las cosas cambian, te llamo". ¿No es mucho mejor tener la posibilidad de llamarlos luego con la buena noticia de que al final sí podrás ayudarlos? Pruébalo, ¡te garantizo que funciona! A un amigo mío, Ron Reynolds, le encanta decir: "No dejes que tu boca sobrecargue tu espalda".

Otra forma de tomar el control de tu día es la siguiente: cuando trabajes, trabaja; y cuando te diviertas, diviértete. Mezclar las dos cosas nunca funciona. Al final, terminas engañándote a ti mismo por partida doble. Si trabajas y te diviertes al mismo tiempo, no experimentarás la satisfacción de los grandes logros, ni la libertad total que nos regala la diversión auténtica.

Lo sé... yo solía decir: "Tengo que llevar a mi familia a la playa, se los he prometido, ¿qué van a pensar de mí si al final no los llevo?". De modo que me los llevaba a la playa pensando en todo momento: "Debo estar en la oficina, ¿cómo he podido venirme a la playa? Tengo mucho trabajo por hacer... ¿qué hago para acortar nuestra estadía aquí y devolverme a mi trabajo?" ¿El resultado? Me arruinaba y les arruinaba a ellos un tiempo maravilloso al estar pensando sin cesar en el trabajo durante mi tiempo de descanso.

También solía hacer lo contrario; decía: "Voy a salir del trabajo a las 3:00 p.m. para divertirme con mi motocicleta por los caminos de la Tierra". ¿Adivinas en lo que estaba pensando a partir de ese momento durante el resto de la jornada laboral? Correcto, en montar en moto por los caminos de la Tierra.

Hoy en día, cuando me voy de gira de trabajo por España, África o Australia, asumo que estoy en un viaje de negocios. Cada jornada la tengo llena de charlas, entrevistas y reuniones, pero, una vez que mis obligaciones laborales se terminan, me tomo un tiempo para explorar, descubrir y disfrutar. Esta ha sido una valiosa lección para mí.

Un amigo mío, constructor de éxito, planificó su tiempo de la siguiente manera: una semana para trabajar y una semana para descansar. Él lo llama el plan "trabaja una semana, descansa una semana". En realidad, cuando hace el recuento de los fines de semana, él descansa durante nueve días y trabaja durante cinco. Todo un lujo, ¿verdad? Sin embargo, permíteme comentarte lo siguiente: durante esos cinco días, él trabaja; me refiero a que trabaja de verdad. No creerías el torbellino de actividades que realiza; levanta una auténtica polvareda mientras trabaja hora tras hora con sus secretarias, contables, arquitectos e inspectores de obra. Sus cinco días están enfocados para obtener el máximo rendimiento posible. Todo el día sin parar. Luego, lo cierra todo y se va a disfrutar de su familia, ¡es formidable!

Autoconocimiento

Una de las grandes reglas creativas de la gestión del tiempo es la siguiente: conócete a ti mismo. Cada uno de nosotros posee un único reloj biológico que a diario controla los picos y los valles de nuestra productividad. Descubre en qué momento del día dispones de más energía. Si eres más productivo por la mañana temprano, toma ventaja de esto y programa tu proyecto de más envergadura como tu primera tarea de la jornada. Por ejemplo, si tu profesión requiere de trabajo de persuasión, intenta programar citas durante el desayuno.

Pero si te ocurre lo contrario y tienes serias dificultades para recordar los nombres de los demás hasta llegado el mediodía, planifica tus actividades más exigentes para la tarde y la noche.

A continuación, analiza tus hábitos. Por ejemplo, si no eres bueno para mantener tu papeleo al día, o si te has prometido durante años que vas a llevar mejor los registros, los balances y el talonario de cheques, y todavía no lo has logrado, reconócelo y busca a alguien que te ayude en esas tareas. Lo más probable es que no cambies.

Tus debilidades no deben dañarte si aprendes a delegar responsabilidades. Esto también es parte del manejo creativo del tiempo.

Hace unos años, mis empleados llegaron a la conclusión de que yo soy un mal mensajero. Dado que viajo constantemente, a menudo me piden que me lleve documentos y se los entregue a personas que se encuentran en la ciudad hacia la que me dirijo. "¡Claro, no hay problema!", solía responderles mientras guardaba distraídamente los papeles en el bolsillo de mi abrigo. Recuerdo haber tenido noticias en mi tintorería sobre estos documentos no entregados...

Después de un tiempo, mis empleados se me acercaban para hablarme al respecto como si yo fuera un niño de cinco años; en una ocasión, me dijeron: "Este documento tiene que llegar hasta Nueva York. ¿Estás seguro de que esta vez lo vas a entregar?". "Por supuesto", contesté, "puedes contar conmigo, no soy ningún bicho raro". Ni tengo que decir que el documento todavía estaba en mi cartera cuando volví de Nueva York.

Por lo tanto, sobran las palabras. Ahora, cada nuevo empleado es adoctrinado por mi equipo de trabajo: "No le des al presidente nada para entregar. Él es eficiente en muchas áreas, pero es un mal mensajero; busca otra solución".

Y ese es mi punto débil. No hay nada de vergonzoso en admitir que no eres bueno en todo, mientras seas lo suficientemente listo como para no permitir que tus debilidades te impidan alcanzar tus objetivos. De hecho, conocerse a uno mismo es un aspecto crucial en la gestión del tiempo.

El teléfono

Nos hemos acostumbrado a considerar el teléfono como un elemento imprescindible en nuestra vida. Es tan común hoy en día que, en lugar de tener uno en cada casa, ahora ya va con nosotros a todos los sitios. Y, sin embargo, muy pocos han dedicado una parte de su tiempo para analizar la mejor manera de utilizar el teléfono y obtener máxima productividad.

Así, tenemos que reconocer que, si bien posee increíbles características que lo hacen muy eficaz, el teléfono también es uno de los artefactos más perturbadores en lo que se refiere a hacernos perder el tiempo.

Por otro lado, así como el teléfono es una excelente herramienta para ti, también es una excelente herramienta para los demás; si tienes la capacidad de llegar a otros en segundos, también otros tienen la misma capacidad de llegar a ti en un instante. Y esa realidad suele hacer estragos en cualquier plan o rutina diaria.

Por lo tanto, asegúrate de que el teléfono está a tu lado, más que nada, para tu comodidad. Mantén control sobre quién podrá llegar a ti y cuándo. Si tienes el lujo de tener una secretaria, entrénala para que priorice tus llamadas entrantes con eficacia o programa el contestador para que puedas devolver las llamadas según tu conveniencia.

Recuerda también que el teléfono les permite a otros controlar tu tiempo, incluso en casa. Esto significa que si no eres cuidadoso, los demás podrán interrumpirte durante tu tiempo familiar y de descanso. No permitas que eso suceda. Mientras estés con tus amigos o en familia, encuentra una manera de evitar responder al teléfono. Utiliza el contestador automático o, simplemente, desconéctalo. Tu familia y tus amigos son demasiado importantes como para que el sonido insistente de tu teléfono monopolice el tiempo que has reservado para ellos.

Por otra parte, además de controlar las llamadas entrantes del teléfono, existe otra manera muy simple y efectiva para gestionar las llamadas que nosotros realizamos: utilizando una agenda. Todos perdemos tiempo y dinero en conversaciones telefónicas ineficientes. Es muy probable que hayas tenido que decir más de una vez:

"A ver... creo que había algo más que quería hablar con usted, pero ahora mismo se me ha ido de la cabeza... le llamaré más tarde". Todos hemos pasado alguna que otra vez por esta situación. Esto supone una gran pérdida de tiempo y además resulta poco profesional.

¿La solución? Antes de cada llamada, anota los principales puntos que deseas tratar. Tus notas te ayudarán a que las conversaciones sean breves y más eficaces y profesionales. Además, tendrás un registro de cada llamada realizada.

Si tuvieras que recordar una conversación telefónica, dispondrías de toda la información delante de ti. Por ejemplo, podrías decir: "John, ¿qué tal van esos cuatro puntos de los que estuvimos hablando el otro día?". Y en el caso que John te respondiera: "¿Qué cuatro puntos? No hablamos de nada de eso", con toda la tranquilidad y certeza del caso, tú podrías mostrarle a John tus apuntes de aquella conversación.

Uso eficaz del tiempo

Muchas de las cosas que hacemos surgen a partir de hábitos que hemos venido manteniendo durante años. Sin embargo, cuando queremos ser más eficientes, es bastante probable que mucho de lo que acostumbramos hacer no sea más que un derroche de tiempo. Así que, tómate el tiempo necesario para analizar tus hábitos de trabajo. ¿Tienes tu sistema de archivos actualizado? ¿Y qué tal vas con tu libro de contabilidad? Hoy en día, hay mil maneras eficaces para aumentar la productividad a través de la tecnología. Nuestra época ha traído consigo enormes posibilidades para procesar la información de maneras mucho más rápidas que antes. Sería productivo que aprovecharas alguna de ellas.

En mi oficina, tengo un ordenador que hace las cosas más sorprendentes y me ahorra una gran cantidad de tiempo. Además, tengo un portátil para cuando viajo. Después de introducir la información, esta queda transferida de manera automática a mi ordenador principal. ¡Eso sí que es un ahorro de tiempo!

Por supuesto, estas nuevas maravillas electrónicas también nos hacen perder el tiempo. Millones de personas se compran un ordenador tan solo para llevar sus cuentas o para guardar números telefónicos. Es como tomar tu auto para ir a visitar a tu vecino de enfrente. De modo que, analiza con cuidado cómo sacarle el máximo rendimiento a estas herramientas electrónicas. Y si tu negocio es más sofisticado, es todavía más productivo contratar a un experto para que te ayude. Recuerda, tú no necesitas ser bueno en todo si tienes a otros que cubran tus puntos débiles.

Cómo hacer las preguntas adecuadas

Cuando lo que se gestionan son equipos de personas, uno de los grandes ahorradores de tiempo está en hacer preguntas; más concretamente, en hacer las preguntas adecuadas. La sicología conductual nos enseña que todo es consecuencia de otra cosa. Y cuando surge un problema, por lo general, ese es un indicio de un problema mayor que se encuentra bajo la superficie.

La mejor manera de llegar al fondo de las cosas no es sacando conclusiones, sino haciendo preguntas.

Si Mary no está realizando las ventas presupuestadas, sería muy rápido concluir que "necesitamos darle una conferencia sobre cómo realizar más ventas". O tal vez, deberíamos preguntarle a su jefe: "¿Por qué Mary no está alcanzando su tope de ventas?". Podría ocurrir que su jefe dijera: "Porque no está haciendo suficientes llamadas". Entonces, vamos un poco más allá: "¿Y por qué no las está haciendo?". La respuesta podría ser: "Porque no está empezando temprano su jornada de trabajo". Supongo que podríamos parar aquí e intentamos motivar a Mary para que empiece a trabajar a tiempo. Pero, en cambio, formulamos una pregunta más: "¿Y por qué Mary no empieza antes su jornada?". Ahora, por fin, hemos llegado a la raíz de la cuestión. Tal vez, Mary está teniendo un problema personal; tal vez, no se trata de que necesite mejorar sus habilidades comerciales.

Con mucha frecuencia, las verdaderas causas de problemas importantes están enterradas bajo varias capas de profundidad. Aprender a hacer las preguntas correctas te ahorra una enorme cantidad de tiempo gracias a que llegarás mucho más rápido a la raíz de los problemas.

Cuatro formas de planear el tiempo por escrito

Una de las mejores herramientas para tener éxito en la gestión del tiempo es tener la habilidad de planear y plasmar sobre el papel. Construir una empresa de éxito es como construir una casa; hace falta visualizar las ideas, concretarlas sobre el papel para después ejecutarlas. En mi empresa tenemos un dicho: actúa basándote en documentos, no en ideas.

De la misma manera, para organizar cada día también es necesario planear sobre papel. Si una persona se despierta para iniciar su día y dice: "Vamos a ver, ¿qué voy a hacer hoy?", ya es demasiado tarde y está fuera de lugar; lo mejor que podría hacer sería tomarse el resto del día para empezar a planificar el día siguiente, la semana siguiente y el mes siguiente.

Pensar sobre el papel es un proceso creativo y consiste en mucho más que coleccionar una lista de actividades. De hecho, hay cuatro métodos diferentes, pero esenciales, que debes utilizar para planificar tu vida:

Tu diario

Durante mis conferencias y seminarios intensivos me aseguro de invertir buen tiempo promoviendo el uso de los diarios personales. Lo hago porque estoy convencido de que son herramientas muy valiosas para los que estudian en serio sobre cómo lograr una vida de éxito.

Un diario es el lugar de encuentro de toda la información valiosa y toda la sabiduría que se cruza en tu camino. Las buenas ideas suelen surgir en, prácticamente, cualquier sitio; tal vez oigas un sermón muy significativo para ti o leas algún tipo de información que te resulte útil. Incluso puede ocurrírsete una gran idea mientras conduces.

La cuestión es: no permitas que se te escapen las buenas ideas. Una gran idea tiene el poder de cambiar tu vida, siempre y cuando la captures; lleva contigo tu diario en todo momento, sin importar donde estés.

El archivador de proyectos

Si tienes ambiciones, seguro que estás trabajando en numerosos proyectos en curso y tienes que tratar con muchas personas a la vez. La gente ocupada como tú, a menudo se siente como si fuera un malabarista que debe mantener todos los platos girando al mismo tiempo. No es fácil.

Una de las mejores maneras para llevar el control de todo lo que hagas es teniendo un archivador de proyectos (un archivador con separadores será suficiente). Si estás trabajando con distintas personas, asígnale a cada una de ellas una sección en tu archivador y guarda allí toda la información referente a él o a ella; toma nota de su rendimiento, de su historia familiar, de sus metas, sus fortalezas, sus necesidades y de cualquier otro aspecto que consideres relevante. Como directivo, también te interesará mantener información de sus registros de ventas o de su tabla de rendimiento. De esta manera, cuando necesites evaluar a alguien, tendrás la información precisa a tu disposición.

Por otro lado, dependiendo de tu negocio o profesión concreta, también estarás interesado en catalogar cada oficina o departamento. O por el contrario, quizá desees clasificar proyecto por proyecto y toda la información que necesites al respecto de cada uno; depende de tus preferencias. La clave es centralizar todos los datos relevantes en un sitio para centrarte en ellos sin tener que perder el tiempo a la caza de información en archivos olvidados o refundidos.

Este concepto de llevar un archivador de proyectos también te resultará útil para tus asuntos personales; por ejemplo, asignándole una sección a cada uno de tus hijos.

A lo mejor, guardar información sobre tus hijos te parezca un poco frívolo. Si es así, permíteme preguntarte lo siguiente: ¿recuerdas el último boletín de calificaciones de cada uno de ellos? Si es así, ¿cómo van con respecto al boletín anterior? ¿A qué evento te pidieron que asistieras? ¿Tomaste nota de ello? ¿Recuerdas la última conversación significativa de padre a hijo que tuvieron? ¿Cuál es la principal preocupación que ellos tienen en este momento de su vida?

Los niños recuerdan todas las conversaciones con sus padres. Por desgracia, a menudo los padres estamos abstraídos en nuestras preocupaciones y actividades y en ocasiones no les prestamos la suficiente atención; reservar una sección para cada hijo nos permitirá tener siempre a mano los aspectos esenciales.

Naturalmente, tus asuntos financieros personales también se beneficiarán de este sistema, pues te permitirá que, de un vistazo, consultes tus inversiones, pólizas de seguros y cosas similares.

En estos momentos, ¿es realmente necesario que lleves un diario o un archivador de proyectos para irlos guardando? ¡Claro que no! Si todo lo que quieres es archivarlos, este sistema no es para ti. Pero para aquellos que van de viaje hacia la riqueza y la felicidad, estas estrategias les ayudarán a acelerar su progreso más allá de lo esperado.

La agenda

Otro método para organizar tus ideas sobre el papel es mediante el uso diario de una agenda. Cuando hablo de una agenda, no me refiero a las que apenas cuentan con espacio para escribir nada más que tus citas; me estoy refiriendo a las que tienen un día por hoja. Tu agenda será para mucho más que llevar un registro diario de tus citas y horarios; en ella encontrarás sitio para anotar los gastos del negocio, los resultados de tus reuniones, tus conversaciones telefónicas y las listas de tareas por realizar.

También la usarás para mantener todos los puntos destacables de cada día o semana y luego podrás registrarlos en tu diario o en tu archivador de proyectos. Piensa en tu agenda como el lugar central desde donde procesas toda tu información del día, de la semana, del mes y del año.

El plan estratégico

El plan de estrategia marcará la diferencia respecto a la forma en que se desarrolla la estrategia del juego de tu vida. Resulta un poco irónico, pues, al igual que entendemos la gran importancia de trazar una estrategia para el fútbol o el baloncesto, muy pocos se toman el tiempo para diseñar un plan de estrategia para el juego de su propia vida.

La primera y más importante regla de un buen plan de estrategia es la siguiente: no empieces el día hasta que no hayas terminado de plasmar sobre el papel todo lo que harás. Cada día es un valioso mosaico en tu estrategia continua hacia la abundancia y la felicidad; planifica siempre tu día antes de empezarlo; hazlo todos los días. Sí, lo sé, escribir tanto resulta tedioso, pero recuerda que las cosas de valor son siempre resultado del esfuerzo, no de la esperanza.

Una vez que domines el arte de planear tu día a diario, estarás preparado para pasar al siguiente nivel del éxito. Allí tendrás que tener en cuenta la siguiente clave: no empieces la semana hasta que no la hayas planeado sobre el papel.

Planifica tu semana antes de empezarla. Imagina lo que sería de tu vida si el domingo por la noche tuvieras que preguntarte: "¿Qué es lo que quiero lograr esta semana?". Quizá pienses que esto es forzar un poco las cosas, pero si aprendes a planificar tus días como parte de tu plan de estrategia general para la semana, todas las piezas te encajarán mucho mejor. Como resultado, cada día será mucho más eficaz.

Una vez que domines la planificación para cada semana, ya eres capaz de planificar cada mes; por lo tanto, la siguiente clave es: no empieces el mes hasta que no lo hayas planeado sobre el papel.

Siguiendo esta regla, tus semanas y tus días entrarán a formar parte de una estructura más grande. Estarás desarrollando una visión a largo plazo con respecto a tu vida y adquiriendo una mayor perspectiva porque ahora sí estás planificando.

Así, aprenderás a coordinar tus objetivos diarios, semanales y mensuales con tus metas de tres meses, seis meses y también a un año.

Te advierto que hacerlo exigirá una gran disciplina de tu parte, pero cuando lo logres, te convertirás en un maestro. Puede que el dominio del tiempo te resulte un camino tortuoso, pero estoy seguro de que disfrutarás tu vida al máximo y en compañía de otros maestros como tú.

Aspectos del plan estratégico

Hay dos aspectos que debes entender acerca de crear un plan de estrategia: en primer lugar, funciona como una hoja de cálculo, pero en vez de ser una lista de números, es una lista de actividades. En segundo lugar, lo utilizarás para un solo proyecto, pero también para llevar a cabo varios proyectos simultáneos.

Así es como funciona: en una hoja de papel cuadriculado, traza una serie de columnas verticales, tantas como cantidad de días tengas para desarrollar la totalidad de tu plan. Acto seguido, en la parte izquierda de la hoja, escribe un encabezamiento llamado "actividades". Debajo de él, haz una lista de todas las actividades que deberás realizar en ese período de tiempo.

Por ejemplo, supongamos que estás trabajando en una campaña de lanzamiento de un nuevo producto y entonces, para cada actividad requerida (reuniones de ventas, soporte para publicidad, embalaje, estudios de mercado), determina el plazo en el cual deben estar terminadas todas y cada una de ellas y señálalo con un punto en la hoja cuadriculada. Luego, cuenta los días que te llevará realizar esa tarea hasta el plazo señalado y márcalos en la hoja de tu plan de estrategia. El resultado final deberá ser una clarificadora presentación gráfica de las tareas a realizar con sus respectivos plazos.

Crear estos planes de estrategia tiende a resultar frustrante, pues lo más probable es que tengas que tirar más de uno a la papelera antes de encontrar el que sea perfecto para tus metas. Pero la razón primordial por la cual sientas frustración es porque te esté resultando difícil priorizar todos tus proyectos. Sin embargo, una vez consigas encajar el plan de estrategia con todas sus piezas, disfrutarás de una sensación gratificante e incomparable.

Sitúa tu plan de estrategia donde lo veas con facilidad, bien sea en una de las paredes de tu oficina o guardado en tu archivador de proyectos te servirá como un recordatorio constante de todas las actividades por realizar.

Los planes de estrategia son emocionantes y dolorosos al mismo tiempo. Dolorosos porque están ahí fijos, recordándote lo que todavía te queda por hacer y porque, en ocasiones, te indicarán que te has quedado rezagado respecto a lo planificado. Sin embargo, también resultan apasionantes cuando ves la magia de los sueños y los planes convertirse en una realidad. Ese es un sentimiento inmensamente gratificante; la sensación que experimentarás no es muy diferente a la de un gran artista al contemplar su obra terminada. Es la increíble sensación de ver que tienes la capacidad de controlar lo que estás haciendo.

Un día bien definido, con un principio y un final, con un propósito y un contenido, con color y carácter, con sensaciones y texturas, se destaca sobre todos los demás días y se convierte en un valioso recuerdo, en un tesoro. Y al día siguiente, cuando este también se convierte en otro día bien definido, tu vida va tomando la forma de una obra maestra y se vuelve un testimonio de tu experiencia y de tu espíritu. Porque, como alguien dijo una vez: "A medianoche, los mensajeros alados se acercan y recogen todas las piezas para llevarlas donde se guarda el mosaico". Y seguramente, cuando llega el momento adecuado, uno de los mensajeros le susurrará al otro: "Espera a que veas esta obra de arte".

SEXTA ESTRATEGIA

Relaciónate con triunfadores

Capítulo nueve

El Principio de asociación

Uno de los aspectos que más influye en la formación del triunfador en el que quieres convertirte es también uno de los más cuestionados. Se trata de las relaciones con los demás, de la interacción con aquellos a quienes les permites entrar a tu vida. ¿Has pensado alguna vez en el hecho de que quienes te rodean también le dan forma a tu vida? Personalmente, esta idea nunca se me había ocurrido hasta que Shoaff me dijo: "Jim, nunca subestimes el poder de la influencia".

Como era de esperarse, una vez más, él tenía razón. La influencia que ejercen quienes nos rodean es tan poderosa, tan sutil y tan gradual, que a menudo ni siquiera nos damos cuenta de cómo ellos nos afectan.

Piénsalo. Si te rodeas de personas que se gastan todos sus ingresos, lo más probable es que tú te conviertas en un derrochador. Y si te rodeas de gente que se divierte asistiendo a combates de lucha libre en vez de ir a conciertos, es probable que termines acompañándolos. La presión que ejercen nuestras amistades sobre nosotros es muy poderosa.

Y el asunto podría llegar más lejos. Si frecuentas personas que piensan que está bien engañar un poco, tú también podrías ser persuadido a ir por ese mismo camino. De repente, alguien podría darte un empujón que te aparte de tu rumbo, hasta que un día, después de 10 años de estar rodeado de ese tipo de amistades, te despiertes preguntándote: "¿Cómo pude llegar hasta aquí?".

Y ese no sería un momento demasiado feliz.

Para evitar perder el tiempo con la gente equivocada, necesitas hacerte tres preguntas fundamentales:

1. ¿Con quién paso el tiempo?
2. ¿De qué manera influye en mí su compañía?
3. ¿Es bueno para mí este tipo de colaboración o amistad?

No desestimes estas preguntas. Échale un vistazo al tiempo que pasas con cada uno de tus principales colaboradores. ¿Es positivo y constructivo? O por el contrario, ¿es negativo y destructivo?

¿No estás muy seguro? Entonces reflexiona sobre lo siguiente:

- ¿A qué tipo de actividades te invitan?
- ¿Qué escuchas en su compañía?
- ¿Qué te recomiendan leer?
- ¿A dónde vas con ellos?
- ¿Qué te llevan a pensar?
- ¿De qué modo se expresan?
- ¿Qué clase de sentimientos generan en ti?
- ¿De qué conversas con ellos?

Por último, después de que hayas reflexionado sobre estas cuestiones, hazte a ti mismo esta última pregunta: ¿están mis actuales compañeros o asociados ayudándome a crecer en la dirección que elegí al fijar mis objetivos? Si eres tan afortunado como para responder de manera afirmativa a esta pregunta, me alegro por ti. Pero si no estás tan seguro, entonces este es un buen momento para evaluar tus relaciones con algunos de los "jugadores" clave de tu vida.

Es fácil obviar el tema de la influencia. El "promedio de la gente" dice: "Yo vivo aquí, pero no me importa. Vivo rodeado de estas personas, pero no me molestan, ni me afectan". Muy bien, pues están muy equivocados quienes así afirman. ¡Todo importa! Las siguientes palabras son buenas para recordar: ¡Todo importa!

Este libro es distinto a muchos otros porque trata con la realidad, no con espejismos. De hecho, uno de mis principales propósitos es lograr que digas: "Los días de andar engañándome a mí mismo terminaron. Quiero saber en quién me he convertido y en quién me estoy convirtiendo. Me urge saber cuáles son mis fortalezas y mis debilidades, qué ejerce poder sobre mí, qué es lo que me está influenciando y qué he permitido que afecte mi vida".

Así pues, échale un buen vistazo a este tema y luego, otro vistazo más. Todo lo que vale la pena merece una segunda mirada, sobre todo, si se trata del poder de la influencia. Tal vez, hayas escuchado alguna vez la historia de la pequeña golondrina:

Se cubría un ojo con su ala y lloraba amargamente. Un búho voló hacia ella y le preguntó:

—"Pequeña golondrina, ¿qué te ocurre?".

La golondrina apartó su ala y le mostró una cicatriz donde antes tenía un ojo.

—"Ya entiendo", le respondió el búho, parpadeando, "¡estás llorando porque el cuervo te picoteó y se llevó tu ojo!".

—"No", contestó ella con gran tristeza, "no estoy llorando porque se lo llevara; estoy llorando por habérselo permitido".

¿Existe alguien que te esté picoteando tu visión? ¿Que intenta dejarte ciego para que no puedas ver tus sueños? Bueno, es fácil permitir que las influencias externas moldeen nuestra vida, sobre todo, si se trata de influencias negativas. Es fácil dejar que algunas amistades o conocidos determinen nuestra dirección vital y permitirles que su capacidad de persuasión nos abrume; también lo es dejar que la marea nos alcance y consentir que las presiones nos moldeen. La cuestión es saber determinar si esto es lo que en realidad queremos.

¿Estás siendo, logrando y adquiriendo lo que deseas? ¿O estás permitiendo que otros te roben tus sueños?

DISOCIACIÓN

Si después de analizar tus relaciones actuales, determinas que tienes algunas malas hierbas en tu jardín, existen un par de cosas que podrías hacer.

En primer lugar, aléjate de la gente que resulta destructiva para tu bienestar. Admito que es difícil hacerlo, en especial, si se trata de algún miembro de tu familia. Sin embargo, si existe alguien que encuentra gran placer en tratar de picotear tus sueños, objetivos o creencias, deshazte de su influencia; recuerda que esa podría ser una decisión que salvaguardaría tu calidad de vida.

Por supuesto, también existen esas situaciones en que personas superficialmente agradables afectan nuestra vida e influyen en ella a largo plazo. Si pasas dos noches a la semana bebiendo con tus colegas, después de cierto tiempo, tu vida podría dar un giro peligroso y llegar a descompensarse. Las consecuencias dentro de 5, 10 y hasta 20 años a partir de ahora serían devastadoras.

Es muy fácil permanecer mediocre; todo lo que tienes que hacer es pasar la mayor parte de tu tiempo en asuntos menores con gente mediocre. A esto se debe que las personas sabias sopesen bien todas sus acciones. Ellas saben lo que es importante y lo que es secundario y, normalmente, no se confunden entre lo uno y lo otro.

Por supuesto, la gente inteligente también tiene amigos ocasionales, pero la diferencia es que, en vez de pasar mucho tiempo con ellos, les dedican un tiempo relajado y más o menos breve, procurando no despilfarrar su tiempo en amistades menores.

Se trata de tu vida. Tú eliges con quién quieres pasar tu tiempo, como y cuando quieras. Lo cierto es que no creo que hayas invertido en este libro para que yo te complazca. Así que te propongo que les eches un vistazo a tus prioridades y valores —incluidas tus relaciones— y las evalúes. Tu tiempo en este planeta es demasiado corto como para no gastarlo tomando decisiones sabias.

AMPLÍA TUS RELACIONES

De la desvinculación vamos a pasar a un tema más agradable: la ampliación de relaciones. En este caso, la norma es la siguiente: dedícales más tiempo a las personas adecuadas. ¿Y quiénes son esas personas? Eso depende de tus metas y objetivos, pero procura buscar siempre relacionarte con personas con sustancia y cultura, que pasen tiempo reflexionando sobre el significado de la vida y que logren grandes metas a través de la disciplina y la perseverancia.

Eso es lo que Shoaff me aconsejó poco después de conocernos. Me dijo: "Si en verdad quieres triunfar, rodéate de las personas adecuadas". Después, con una mirada irónica, agregó: "Desde luego, con tu situación actual, deberás movilizar todos tus recursos para relacionarte mejor". Y era cierto, así tuve que hacerlo para poder estar cerca de la gente indicada.

Durante mis inicios, cuando me enviaban a hacer alguna presentación comercial, con frecuencia parqueaba mi viejo y destartalado auto a varias manzanas de distancia del sitio en cuestión. Era inevitable que siempre hubiera alguien que me preguntara: "Por cierto, Jim, ¿cómo llegaste hasta aquí?". Mi respuesta solía ser: "Me trajo un colega". Por supuesto, ese colega era yo mismo conduciendo mi ruidosa "cafetera".

No es tan difícil asociarse con la gente de éxito. Es cuestión de involucrarte y conocer tu comunidad.

Tengo una amiga que comenzó su negocio propio en el campo de las ventas. Lo primero que ella hizo fue asociarse a la cámara de comercio de su ciudad. Luego, potenció su presencia en algunos comités y, antes de que se diera cuenta, ya la estaban invitando a jugar tenis con algunas de las personas más influyentes de la ciudad. Ya lo ves, no es difícil generar relaciones interpersonales.

La siguiente estrategia ya la vimos en un capítulo anterior: invierte en satisfacer el apetito de una persona rica, invítala a comer. No hace falta que te explique de nuevo todo lo que aprenderás en una o dos horas de conversación orientada hacia la riqueza.

Cuando amplíes tu círculo de amistades, no pierdas de vista las prioridades de tu vida; a eso se le llama relaciones con propósito.

Por ejemplo, busca gente exitosa que te ayude con tu plan de éxito; busca compañías sanas que te animen a llevar un buen plan de ejercicio y nutrición; encuentra a alguien que sepa vivir y te enseñe los secretos de un estilo de vida gratificante. Y que no te de vergüenza cultivar esas amistades, pues a la mayoría de los triunfadores le encanta compartir sus conocimientos con los demás (quizás, ese sea uno de los motivos por los que triunfan).

Los triunfadores buscan a quienes los admiren. Entienden a la perfección que la inspiración y el conocimiento se obtienen mediante las interacciones adecuadas. Yo no soy una excepción a esta regla y tengo una amistad de este tipo con alguien con quien me agrada pasar tanto tiempo como me sea posible. Es un gran aficionado a la caza, un hombre mayor, millonario, viajero y empresario. También es uno de los más grandes pensadores del mundo.

Mi amigo tiene muchas habilidades, pero hay dos que son bastante misteriosas.

En primer lugar, tiene la capacidad de asimilar los eventos de un día hasta el más mínimo detalle. Creo que también es capaz de recordar todos y cada uno de los días de su vida adulta, así como todos los libros que ha leído y parece retener cada dato que aprende. Si yo tuviera que elegir entre la opción de viajar a un país extranjero o visitar a mi amigo para que me contara su último viaje, creo que siempre elegiría lo segundo. ¿Y sabes por qué? Porque él no omite nada que sea importante; absorbe cada acontecimiento como una esponja.

Su segundo talento es su expresividad. Cuando regresa de algún viaje describe con gran vivacidad los sonidos y los colores del país, las costumbres y las preocupaciones de la gente, las experiencias y los acontecimientos más importantes, e incluso también los pormenores de su viaje. Sabe cómo describir con palabras emocionantes y vibrantes todo lo que vio, tocó y sintió.

Mientras narra un viaje, los que le escuchamos sentimos la caída de una cascada, la brisa fresca de los vientos del Norte, los colores y los olores de las ciudades y del campo. ¡Qué gran regalo nos entrega a los que tenemos el privilegio de conocerlo!

¿Qué valor se le puede dar a una relación tan única? No lo sé, pero debo decir con toda sinceridad que, desde que lo conozco, he ampliado mi conocimiento, mi percepción, mis habilidades y hasta mi empresa y mi estilo de vida han mejorado.

¿A dónde sueles ir tú a celebrar tu festín intelectual? Es una lástima que una persona que tenga un restaurante favorito, pero no tenga un pensador favorito. Lo que esto significa es que esa persona se toma en serio la alimentación de su cuerpo, pero no la de su mente y su alma.

Hoy en día, gracias a Gutenberg, Marconi y otros pioneros en el campo de la información, también nos es posible relacionarnos con gentes a través de los mares y a lo largo de los siglos. Quizá no los conozcamos en persona, pero sí tenemos acceso a leer sus palabras o a escuchar sus voces grabadas en audios. Churchill, Aristóteles y Lincoln ya no están vivos, pero sus palabras todavía nos asombran, inspiran e instruyen.

Las relaciones, la interacción, son una de las siete estrategias para alcanzar riqueza y felicidad. Mantén alejadas de tu vida las malas hierbas que influyen en ti negativamente. Por el contrario, cultiva las semillas de la influencia constructiva. ¡No te imaginas la cosecha de buena fortuna que obtendrás!

SÉPTIMA ESTRATEGIA

Conoce las maravillas del arte de vivir bien

Capítulo diez

Cómo llevar una vida más enriquecedora

En su papel como profesor, Shoaff me desafiaba con bastante frecuencia. En cuanto yo aplicaba sus principios en un área determinada, él me planteaba de inmediato algún otro aspecto de fundamental importancia.

Cuando empecé a abrirme camino en el campo laboral y a ganar más dinero, en una ocasión, Shoaff me dijo:

—"Jim, no aprendas tan solo a ganar dinero, aprende también a vivir".

No lo comprendí. De hecho, ni siquiera le estaba prestando mucha atención.

—"Aquí estoy", pensé, "trabajando duro, esforzándome por alcanzar mis objetivos y tener éxito. ¿De qué me estará hablando? ¿Qué será lo que me falta por hacer? ¿Qué más me queda?".

Leyendo mis pensamientos, Shoaff sonrió y me dijo:

—"Jim, hay personas que están rodeadas de cosas bellas y, sin embargo, no se sienten felices; otras han acumulado grandes sumas de dinero y, a pesar de todo, son pobres de espíritu o su vida carece de alegría. Quiero que aprendas también el arte de diseñar un buen estilo de vida, el arte de aprender a vivir bien".

—"Bueno", le respondí, "eso ya lo pensaré en el momento en que gane mucho dinero. Por ahora, en lo que debería centrarme es en aprender a ganarlo, ¿no crees?".

—"No, Jim", me respondió sacudiendo la cabeza, "es más fácil aprender el arte de diseñar un estilo de vida cuando uno gana pequeñas cantidades de dinero. De hecho, todo comienza con medio dólar".

—"¿Medio dólar?", exclamé. "¿Cómo puede alguien desarrollar un estilo de vida con medio dólar?".

Shoaff sonrió. Sabía que por fin había captado toda mi atención y agregó:

—"Imagínate que un limpiabotas está haciendo un trabajo fabuloso sacándole brillo a tus zapatos y, de hecho, tus zapatos brillan como ningunos en todo el mundo. A la hora de pagarle, piensas qué tipo de propina vas a darle: '¿Le doy un cuarto de dólar o medio?'. Entonces, si dos cantidades diferentes vienen a tu mente, elige dar siempre la cantidad mayor; conviértete en una persona de medio dólar".

—"Me estoy perdiendo algo" pensé. Perplejo, le pregunté: "¿Qué diferencia hay entre destinar un cuarto o medio dólar para una propina?".

—"Toda la diferencia del mundo. Si decides darle solo un cuarto, ese simple hecho te afectará para el resto de tu día. Empezarás a sentirte un poco culpable y algo inseguro. Y en algún momento del día, mirarás el brillo de tus zapatos y dirás: '¡Cómo fui de tacaño! ¡Darle un mísero cuarto de dólar por un brillo como este!'".

—"Por otro lado", añadió, "si le das medio dólar, te sentirás próspero y seguro de ti mismo durante todo el día. No creerás la diferencia que marca la mentalidad del medio dólar".

Años más tarde, estando en Detroit, un hombre se me acercó al terminar uno de mis seminarios y me dijo:

—"Sr. Rohn, me siento inspirado con su descripción de la actitud del medio dólar y decidí que voy a cambiar mi vida entera. Algún día, usted oirá hablar de mí". Y se fue.

Efectivamente, unos meses más tarde, estando de nuevo en Detroit, el mismo hombre se acercó al estrado y con una amplia sonrisa en su rostro, me dijo:

—"¿Se acuerda de mí?".

—"Por supuesto", le respondí, "usted es el hombre que me dijo que iba a cambiar su vida".

Él asintió con la cabeza y continuó:

—"Tengo que contarle una historia:

Después que asistí a su último seminario, me puse a pensar en qué aspecto empezaría a cambiar mi vida y decidí comenzar con mi familia. Tengo dos hermosas hijas adolescentes, las mejores hijas que todos quisiéramos tener. Nunca me dan ningún problema y, sin embargo, yo siempre las contrariaba. Por ejemplo, ellas sienten verdadera pasión por asistir a conciertos de rock y ver a sus grupos favoritos, pero yo solía hacerles pasar un mal rato cada vez que ellas me pedían permiso para ir, respondiéndoles: 'No, no quiero que vayan por allá. Esa clase de música es demasiado alta y se estropearán los oídos. Y además, el ambiente no es muy aconsejable'.

Siempre pasaba lo mismo, ellas me suplicaban: 'Por favor, papá, queremos ir. Nunca te causamos problemas, somos buenas chicas... por favor, déjanos ir'.

Mis hijas me insistían sin parar hasta que, a regañadientes, les daba el dinero y les decía: 'Está bien, pero no se pongan de mal humor'.

Entonces, cuando decidí empezar a hacer algunos cambios, esto fue lo que hice: un día, vi un anuncio para un concierto de uno de los grupos favoritos de mis hijas, así que fui a la taquilla y yo mismo les compré las entradas.

Cuando llegué a casa, les entregué el sobre y les dije: "Aquí están las entradas para el próximo concierto de rock. Sé que este es uno de sus grupos favoritos".

Jim, continuó el hombre, con lágrimas en los ojos, "debería haber visto sus caras. Les aseguré que los malos días ya habían terminado. ¡Qué gran abrazo recibí! Entonces les hice prometer que no abrirían el sobre hasta el día del concierto.

¿Y sabe qué? Como les había comprado las localidades mejor situadas, esa noche ¡cuánto me divertí imaginándome su entusiasmo!

Mi verdadera recompensa la recibí cuando ellas llegaron a casa. Una de ellas se sentó en mis rodillas y la otra envolvió sus brazos alrededor de mi cuello y me dijo: 'Papá, eres el mejor'".

¡Qué historia tan maravillosa! Y qué buen ejemplo de, con solo un pequeño cambio de actitud, transformar nuestro modo de vivir. Es cuestión de aprender a ser generosos de espíritu y saber desarrollar la mentalidad del medio dólar en un mundo donde prima el pensamiento del cuarto de dólar. Es el mismo dinero, pero diferente estilo de vida

He aquí un pensamiento importante: sé feliz con todo lo que tienes mientras trabajas para lograr lo que quieres.

Mi meta es tratar de vivir poniendo en práctica esta máxima todos los días de mi vida.

No es tan difícil aprender el arte de saber vivir; existen personas que incluso con medios modestos saben cómo experimentar un estilo de vida sofisticado. Ahorran un poco del dinero que destinarían para comprar bebidas gaseosas y a cambio se dan el gusto de una botella de buen vino; dejan de ir al cine, ahorran un poco más y, al cabo de un tiempo, ya tienen con qué ir al teatro; ahorran durante todo el año hasta tener suficiente para darse el gusto de un viaje a Europa o para adquirir una refinada obra de arte.

No gastes todo el dinero asignado para cada día. Ahorra y compra algo especial, de valor duradero, que te traiga recuerdos enriquecedores para el resto de tu vida. Recuerda, todo ese dinero que gastas en caramelos podría llegar a sumar una pequeña fortuna. Y para una persona inteligente, la calidad es mucho más importante que la cantidad. Mejor algunos pocos tesoros que una buena casa, pero llena de baratijas.

El buen estilo de vida, como lo defino aquí, es cuestión de conocimientos y valores; de educación y buen gusto. Es un arte que, al practicarlo, aporta alegría. Es la decisión deliberada de saborear y disfrutar de todas las experiencias y posibilidades que nos brinda la vida. Vivir bien significa ampliar los conocimientos y experiencias que has aprendido de los libros, de las personas, de películas y de cada viaje que hagas. Así pues, procura disfrutar y aprender de todos y de todo lo que te rodea.

Piensa en algo que puedas hacer hoy y que te permita experimentar la sensación de sentirte más enriquecido y mejor contigo mismo y con tu vida; haz una llamada telefónica y reserva unas entradas a un concierto, compra buena música, envía flores, manda una nota de agradecimiento, planea un viaje, empieza a leer un clásico...

¿Todavía no sabes qué hacer? Estoy seguro de que en un radio de 100 kilómetros en donde vives existen lugares que nunca has visto, comida que no has probado y experiencias que todavía no has vivido.

Ese es mi caso. Como ya sabes, me crie en Idaho, donde se encuentra gran parte del Parque Nacional de Yellowstone. Y, sin embargo, nunca he estado en Yellowstone. ¡Imagínate! Millones de personas de todo el mundo viajan desde lejos para ver a los osos grizzly y a los géiseres y yo, nativo de Idaho, nunca he estado allí; he estado en África, pero no en Yellowstone.

¿Tienes tú también una historia parecida a la mía? ¿Quizás eres un neoyorquino que nunca ha estado en la Estatua de la Libertad? ¿O un texano que nunca ha estado en el Álamo? ¿O un canadiense que nunca ha visitado Ottawa? Entonces, igual que yo, te estás perdiendo algunas oportunidades maravillosas de experimentar un estilo de vida enriquecedor.

Establezcámonos nuevos objetivos para no perdernos de nada, en especial, de todo aquello que está a nuestro alcance. Requerirá un poco de iniciativa de nuestra parte, pero piensa en las recompensas que nos esperan. Todo lo que necesitamos es permitir que un acto consciente surja de una idea única. Ese será el puente que nos lleva desde nuestros sueños hacia la realidad de una nueva experiencia.

A estas alturas, ya sabrás que le tengo un sano respeto al valor de la riqueza material en la vida. Sin embargo, el dinero también es sobrevalorado e incluso adorado. A menudo se le otorgan poderes que ni siquiera posee.

Recuerdo una vez que le dije a Shoaff:

—"Si tuviera más dinero, sería más feliz".

Él me respondió:

—"La clave de la felicidad no es tener más de nada. La felicidad es un arte que merece ser estudiado y puesto en práctica. Más dinero solo te convertirá en más de lo que ya eres. Tener más dinero para lo que sirve es para llevarte más rápido hacia donde te diriges.

De modo que, si tiendes a ser infeliz, serás miserable, solo que con más dinero; si tienes tendencia a ser desagradable, la riqueza hará de ti un monstruo; y si tiendes a beber demasiado, tener más dinero solo te permitirá desperdiciarlo en más en bebida.

Por otro lado, si dominas el arte del buen estilo de vida y de la felicidad, más dinero te ayudará a ampliar tu felicidad y tu riqueza interior".

En un buen estilo de vida prima la clase por encima de la cantidad. El estilo es un arte, el arte de vivir. El estilo no se compra con dinero. No es posible comprar buen gusto con dinero; con más dinero, lo único que puedes comprar es "cantidad".

El buen estilo de vida es cultura, es saber apreciar la buena música, la danza, el arte, la escultura, la literatura y las obras de teatro. Es un gusto por lo refinado, lo único, lo bello.

Mortimer Adler, el filósofo, afirmó: "Si no perseguimos los placeres más altos, nos conformaremos con los más bajos".

Así que no olvides esta búsqueda de lo exquisito. Se trata de aprender a disfrutar de lo mejor que se nos presenta en cada momento. No es cuestión de cantidad, sino de valor.

Llevar un buen estilo de vida significa también estar agradecido por la excelencia dondequiera que la encuentres, no dando por sentadas las pequeñas cosas de la vida. Permíteme ilustrarte esto último con una anécdota personal:

Una amiga y yo nos fuimos de viaje a Carmel, California para ir de compras y conocer el sitio. De camino, nos detuvimos en una estación de servicio. En cuanto paramos el auto frente a los surtidores, un joven de unos 18 a 19 años se nos acercó y, con una amplia sonrisa, nos preguntó:

—"¿Puedo ayudarles en algo?"

—"Sí," respondí, "el tanque lleno, por favor".

No me esperaba lo que vino a continuación. En una época como la de ahora, con autoservicio y un deteriorado trato al cliente, este joven revisó cada uno de los neumáticos del auto y nos limpió todas las ventanas, incluido el techo solar, sin dejar de silbar y cantar. Estábamos admirados, tanto de la calidad de su servicio como de su actitud positiva hacia el trabajo.

Cuando me trajo la cuenta, le dije:

—"Oye, nos atendiste muy bien. Te lo agradezco".

—"En realidad, disfruto de mi trabajo; me resulta divertido y me da la oportunidad de conocer a gente buena como usted".

¡Este chico sí que era especial!

Entonces, le dije:

—"Vamos camino a Carmel y nos gustaría tomarnos unos buenos jugos. ¿Sabes dónde podríamos encontrar la heladería *Baskin-Robbins* más cercana?".

—"Hay un *Baskin-Robbins* a pocas manzanas de aquí", nos respondió, dándonos la dirección exacta. Luego añadió:

—"No parqueen enfrente, es mejor dejarlo a un costado del local para evitar que los otros autos que pasan por la carretera le rocen el suyo".

¡Menudo chico!

Al llegar a la heladería, pedimos nuestros batidos pero, en lugar de dos, pedimos tres. Luego, volvimos a la gasolinera. Nuestro joven amigo salió disparado a saludarnos.

—"¡Hola! Veo que sí encontraron los batidos".

—"Sí, ¡y este es para ti!".

Se quedó con la boca abierta.

—"¿Para mí?".

—"¡Claro! ¡Con tan magnífico servicio que nos brindaste, no podíamos dejarte fuera de esta 'Operación Batido'".

—"¡Vaya!", respondió asombrado.

Mientras nos alejábamos, pude verlo a través del retrovisor allí plantado, con una sonrisa de oreja a oreja.

Entonces, ¿cuánto crees que me costó este pequeño acto de generosidad? Solo unos $2 dólares (parece que esta cifra da buenos resultados, ¿no?). Ya lo ves, no depende del dinero, sino del estilo, de cómo se hacen las cosas.

Ese día, debía sentirme especialmente creativo; a nuestra llegada a Carmel, conduje directo hacia una floristería. Mientras entrábamos a la tienda, le dije a la florista:

—"Necesito una rosa de tallo largo para que mi compañera pueda llevarla mientras vamos de compras por Carmel".

La florista, no demasiado romántica, respondió:

—"Las vendemos por docenas".

—"No necesito una docena", le dije, "solo una".

—"Bueno", contestó con arrogancia, "entonces le costará $2 dólares".

—"¡Maravilloso!", exclamé, "no hay nada peor que una rosa barata".

Con mucha atención, me aseguré de seleccionar una linda rosa y se la entregué a mi amiga. ¡Ella se quedó impresionada! ¿Y el costo? ¡Tan solo $2 dólares! Un rato más tarde, ella levantó la vista y me dijo: "Jim, debo ser la única mujer de todo Carmel que lleva una rosa".

Además de la lección del medio dólar, Shoaff me enseñó otra lección acerca de las propinas. Me explicó que el término "propina" ("tip" en inglés) viene de las iniciales de las palabras *"To Insure Promptness"*, que significa "para asegurar prontitud".

—"Entonces", continuó, "si una propina pretende asegurar prontitud y rapidez, ¿cuándo debe uno dejar propina?".

Sabía a dónde quería llegar él, pero yo todavía estaba pensando como la mayoría de la gente y le respondí:

—"Pues, cuando uno come en un restaurante y el servicio es bueno, deja propina, pero si recibe un servicio pésimo, nada de propinas".

— "No, Jim, no lo entiendes. Las personas sabias no le dejan al azar un buen servicio, se lo aseguran dando la propina por adelantado".

Inténtalo. La próxima vez que tengas una comida especial en un restaurante, llama al camarero o a la camarera para que se acerquen a tu mesa, pon tu brazo sobre su hombro y dile: "Toma, $5 dólares. ¿Nos brindarás un buen servicio a mi amigo y a mí?".

Ya lo dijo Shoaff: "No creerás lo que sucederá de ahí en adelante. Los meseros estarán pendientes de tu mesa sin descanso. En ningún momento tendrás que preguntarte dónde se han metido, ni te tocará esperar ni un instante para que te traigan la segunda taza de café".

¿Estás captando el mensaje? Es el mismo dinero, pero distinta forma de vivir.

AMOR Y AMISTAD

Vivir la vida con estilo también significa llevar una vida equilibrada. Y uno de los ingredientes más importantes de una vida equilibrada es tener a alguien a quién amar y que te ame.

No existe nada más valioso que tener a alguien que te importe mucho. Una persona cuidando de otra representa la vida en toda su abundancia y plenitud.

Protege el amor con gran ímpetu. No dejes que nada se interponga en su camino. Si una silla se interpone en su camino, te sugiero que la destruyas; no permitas que nada bloquee al amor.

En la antigüedad, se decía con gran sabiduría: "Hay muchos tesoros, pero el más grande de todos ellos es el amor". En otras palabras, es mejor vivir en una tienda de campaña en la playa y conocer el amor, que vivir en una mansión completamente solo. Pregúntamelo a mí, sé de lo que hablo. Tu familia y su amor deben cultivarse como si fueran un jardín. Hay que invertirle tiempo, esfuerzo e imaginación con tal de mantenerlo floreciente y en pleno crecimiento.

Junto con el amor, la amistad es lo más importante. No tiene precio. Los verdaderos amigos son esas personas maravillosas que están ahí cuando más las necesitas. Y como la vida no nos ofrece ninguna garantía, cuando estés ascendiendo, asegúrate de hacer los amigos adecuados, pues ellos serán quienes te acogerán en tus momentos de declive. La vida tiene altibajos y los amigos, los verdaderos amigos, harán que tus ascensos sean más estimulantes y tus descensos, menos devastadores.

Tengo un amigo de verdad. Creo que si me encarcelaran injustamente en algún país extranjero, a él sería a quien llamaría. ¿Sabes por qué? Cierto, porque es el único que acudiría donde fuera que yo estuviera. Eso es un amigo, alguien que conseguiría liberarme de una cárcel lejana. Y sé que, aunque le costaría una fortuna, aun así, lo haría. Y si el asunto tomara mucho tiempo, él se tomaría el que fuera necesario. Ese es un verdadero amigo. Deseo que tú también tengas un amigo como este.

También tengo amigos casuales, conocidos que quizá me dirían: "Llámame cuando vuelvas a los Estados Unidos". Supongo que todos tenemos amigos como esos. El problema surge cuando confundimos su función en nuestra vida con lo que es en realidad la verdadera amistad.

Para concluir, recuerda lo siguiente: la buena vida no es cuestión de "cantidad"; es una actitud, una acción, una idea, un descubrimiento, una búsqueda. La buena vida proviene de un estilo de vida que se desarrolla a plenitud, sin importar el tamaño de tu cuenta bancaria; un estilo de vida que te proporciona la sensación constante del gozo de vivir; un estilo de vida que alimenta tu deseo de convertirte en una persona de profundos valores y logros. Después de todo, ¿qué es la riqueza sin la reputación, la industria sin el arte, la cantidad sin la calidad, la empresa sin la satisfacción y las posesiones sin la alegría?

Conviértete en una persona culta que aporta y suma a la totalidad de la cultura. Puedes ser esa persona con un capital extraordinario que posee el estilo y la individualidad de la que se beneficiarán tus hijos y luego, sus hijos.

Capítulo once

El día en que el rumbo de tu vida cambiará

Juntos, hemos recorrido un largo camino. En este libro, he compartido un festín de ideas contigo; estrategias que seguro satisfarán tu apetito por la riqueza y la felicidad. Y sin embargo, también debo compartir contigo una inquietud.

Verás, si asimilas con exactitud toda la información que encuentras a lo largo de esta lectura, es probable que te conviertas en un experto de los principios de la riqueza y la felicidad. Incluso podrías hacer, sin lugar a dudas, toda una conferencia sobre los aspectos filosóficos del éxito y causar grata sensación en los asistentes.

Pero, más que saberte la teoría de cómo se supone que todo esto funciona, debes actuar y aplicarla en tu vida. En el sistema de libre empresa, debes pasar a la acción para hacer que las cosas sucedan. El conocimiento aplicado es el que cuenta.

Entonces, ¿cómo vas con el hecho de pasar de la teoría a la acción? ¿Existe un tercer componente que actúe como catalizador? Por fortuna, sí existe. Son nuestras emociones.

LAS EMOCIONES

Las emociones son la fuerza más poderosa que reside en nuestro interior. Bajo su poder, los seres humanos somos capaces de realizar los actos más heroicos (así como los más bárbaros). En gran medida, la civilización en sí misma se define como la canalización inteligente de las emociones humanas. Ellas son el combustible y la mente es el piloto, y juntos impulsan la nave del progreso civilizado.

¿Qué emociones nos incitan a actuar? Existen cuatro que son básicas; cada una, o la combinación de varias, desencadenan la más increíble actividad. El día en que permitas que estas emociones alimenten tu deseo, ese será el día en que le darás un vuelco a tu vida.

La insatisfacción

Por lo general, la palabra "insatisfacción" no suele relacionarse con una acción positiva. Y sin embargo, canalizada en la forma correcta, tiene toda la fuerza para cambiar la vida de una persona.

Quien se siente insatisfecho ha llegado a un punto de no retorno. Él o ella están dispuestos a lanzarle un reto a la vida y decir: "¡Basta ya!".

Eso fue lo que dije después de mi humillante experiencia con la niña Scout y sus galletas de $2 dólares. "¡Basta ya!", exclamé. "No quiero vivir así nunca más. Basta ya de estar arruinado. Basta ya de sentirme avergonzado y basta ya de mentir".

Sí, el sentimiento de insatisfacción surge cuando uno dice "basta ya". ¡Hasta aquí!

Por fin, el "promedio de la gente" ya ha tenido bastante con ser perdedora. Está harta de su mediocridad. Ya ha tenido bastante con esos terribles sentimientos enfermizos como el miedo, el sufrimiento y la humillación. El esposo observa a su esposa caminando una vez más por el pasillo de productos enlatados del supermercado para comprar una lata de judías y sabe lo que va a pasar. Él sabe a la perfección que ella va a mirar la marca que cuesta $0,79 centavos y luego la que cuesta $0,77. Y también sabe que, aunque ella prefiere la marca de $0,79, decidirá comprar la que cuesta $0,77. Y él conoce muy bien la razón por la que ella comprará la lata más barata: para ahorrar $0,02 centavos. ¡$0,02 centavos! Entonces, este "esposo promedio", enfermo por dentro, dice: "Ya he tenido bastante con estar de rodillas entre el fango en busca de monedas de centavo. No vamos a vivir de esta manera nunca más".

¡Alégrate! Ese podría ser el día en que tu vida cambie por completo. Llámalo como quieras: el día del "basta ya", el día del "nunca más", el día del "ya es suficiente"... Sea como sea que lo llames, ¡es un día crucial! No hay nada que motive tanto a cambiar tu vida como un desgarrador sentimiento de disgusto e insatisfacción.

Por el contrario, no hay nada más penoso que un discreto y ligero sentimiento de insatisfacción. Si alguien dice: "Creo que empiezo a estar un poquitín harto..." ¡qué patético, qué pusilánime! En esos casos, no hay suficiente combustible ni para propulsar un barco de juguete en una bañera.

Las decisiones

La mayoría de nosotros necesitamos vernos acorralados contra la pared para empezar a tomar decisiones. Y una vez que llegamos a ese punto, tenemos que lidiar con las emociones conflictivas que se derivan de ello, pues llegamos a una bifurcación en el camino.

Y tal vez, no haya solo dos opciones delante de nosotros, quizás haya tres o hasta cuatro opciones por las que decidirse. No es de extrañarnos que el hecho de tomar una decisión nos provoque un nudo en el estómago, nos mantenga despiertos toda la noche o experimentemos sudores fríos.

Tener que tomar decisiones importantes que van a cambiar nuestra vida es comparable con tener que lidiar una guerra civil en nuestro interior. Tropas de emociones conflictivas, cada una con su propio arsenal de razones, luchan entre ellas por la supremacía de nuestra mente. Y nuestras decisiones resultantes, ya sean audaces o tímidas, impulsivas o reflexivas, marcarán el curso de la acción o lo bloquearán.

No tengo muchos consejos para darte sobre la responsabilidad que implica cualquier toma de decisiones, salvo el siguiente: hagas lo que hagas, no te quedes parado en la encrucijada del camino; decide. Es mucho mejor tomar una decisión equivocada que no tomar ninguna. Cada uno de nosotros debemos afrontar nuestra confusión emocional y aclarar nuestros sentimientos.

Como me dijo en una ocasión un joven empresario después de decidirse a arriesgarlo todo con tal de empezar un negocio: "He desistido de la idea de librarme de la sensación de mariposas en el estómago, pero, por lo menos, ahora puedo hacer que vuelen en formación la mayor parte del tiempo".

Tú, por supuesto, ya tienes una formidable herramienta para la toma de decisiones, ¿no es cierto? Si hiciste los ejercicios sobre la fijación de objetivos (si no es así, todavía estás a tiempo para ello), entonces tendrás un plan de vida a largo plazo y otro a corto plazo. Lo único que te queda por hacer ahora es decidirte a actuar mostrando el empeño adecuado.

El deseo

¿Cómo surge el deseo? No creo que pueda darle una respuesta categórica a esta pregunta porque existen muchas vías para llegar a ella. Pero sí sé dos cosas claras sobre el deseo:

1. Surge desde el interior, no del exterior.
2. Es posible generarlo mediante fuerzas externas.

Casi cualquier cosa puede generar deseo; es una cuestión de sincronización y de predisposición. Quizá sea una canción que te toque el corazón, una conferencia memorable, una película, una conversación con un amigo, una confrontación con un enemigo o incluso una experiencia amarga. Hasta un libro como este desencadenará el mecanismo interno que hará que algunos lectores digan: "¡Lo quiero hacer ahora!".

De modo que, mientras busques tu "punto sensible" del deseo más puro, dale la bienvenida en tu vida a cada experiencia positiva que se te presente. No levantes un muro para protegerte de experimentar la vida; el mismo muro que puede protegerte de la decepción, también te privará de experiencias enriquecedoras más luminosas. Permite que la vida te alcance. El próximo contacto con ella podría ser el que cambiará tu vida para siempre.

La resolución

Cuando eres resolutivo dices: "Lo haré". Esas dos palabras juntas tienen un gran potencial; "lo haré".

Benjamín Disraeli, el gran estadista británico, dijo en una ocasión: "Nada logrará frenar la voluntad de un hombre que apuesta hasta su vida por cumplir un propósito". En otras palabras, cuando alguien decide "ir a por ello o morir", no existe nada que pueda detenerlo.

Un escalador dice: "Subiré la montaña. Me han dicho que es demasiado alta, que está demasiado lejos, que es demasiado empinada, que es demasiado rocosa, en fin, que es demasiado difícil de escalar. Pero es mi montaña y voy a escalarla. Pronto me verás agitando mis brazos desde lo alto o nunca me verás porque, a menos que alcance el pico, no volveré". ¡Quién podría discutir semejante resolución!

Cuando me enfrento a algo con voluntad de hierro, me imagino que el tiempo, el destino y las circunstancias se reúnen a gran velocidad y deciden: "Tendremos que permitirle alcanzar su sueño. Lo conseguirá o lo va a seguir intentado hasta morir".

La mejor definición que he oído explica con total claridad el concepto de "resolver". La escuché de una alumna de un instituto de Foster City en California. Como de costumbre, me encontraba dándole una charla sobre el éxito a un grupo de chicos brillantes de una escuela secundaria. De pronto, pregunté: "¿Quién podría decirme qué es lo que significa 'resolución'?". Se levantaron algunas manos y escuché varias definiciones bastante buenas, pero la última fue la mejor; una chica tímida que estaba sentada al fondo del aula se levantó y dijo con calmada intensidad: "Creo que resolución significa prometerte que nunca te rendirás". ¡Tan simple como eso! Esa es la mejor definición que he escuchado nunca: prométete a ti mismo que nunca te rendirás.

Piensa en ello. ¿Cuánto tiempo debe un bebé tratar de aprender a caminar? ¿Cuánto tiempo le darías para ello a un bebé promedio antes de decirle que "eso es todo, que ya tuvo su oportunidad"?

¿Piensas que es de locos? Claro que sí. Cualquier madre en el mundo diría: "Mi bebé va a seguir intentándolo hasta que aprenda a caminar". No es de extrañar que todos terminen caminando.

Este ejemplo nos enseña una lección vital. Pregúntate a ti mismo: "¿Cuánto tiempo voy a trabajar para hacer realidad mis sueños?". Te sugiero que tu respuesta sea: "Todo el tiempo que sea necesario". De eso se trata la resolución.

LA ACCIÓN

El conocimiento alimentado por la emoción equivale a la acción. La acción es la última parte de la fórmula. Es el ingrediente que garantiza los resultados. Solo la acción causa reacción. Por otra parte, solo una acción positiva causará una reacción positiva.

Acción. El mundo entero observa con agrado a los que hacen que las cosas sucedan y los recompensa por generar olas de actividad productiva.

Hago hincapié en esto porque hoy veo a muchas personas metidas en el mundo de las afirmaciones. Y sin embargo, hay un famoso refrán que dice: "La fe sin acción no sirve a ningún propósito útil". ¡Qué gran verdad!

No tengo nada en contra de las afirmaciones como una herramienta para generar acción. Repetir afirmaciones para reforzar un plan bien trazado ayuda a crear resultados maravillosos.

Pero existe también una línea muy fina entre la fe y la locura. Ya lo ves, las afirmaciones sin acción son el inicio del autoengaño. Y para tu bienestar, hay pocas cosas que sean peores que el autoengaño. Es como el ejecutivo de ventas que sale pletórico de una reunión y dice: "Voy a ser el más grande en este negocio", pero luego no respalda sus palabras, ni con disciplina, ni con acción. Es como si esta persona estuviera caminando hacia el Oeste buscando el amanecer.

CUATRO PREGUNTAS

A medida que nos acercamos al final de nuestro viaje juntos, quiero hacerte algunas preguntas sobre las que me gustaría que reflexionaras. La primera es: ¿por qué deberías intentarlo? Los niños suelen preguntar "por qué". Me refiero a por ejemplo: ¿por qué tenemos que levantarnos temprano? ¿Por qué hay que trabajar tan duro? ¿Por qué tengo que leer tantos libros? ¿Por qué hay que hacer muchos amigos? ¿Por qué hay que llegar tan lejos? ¿Por qué hay que ganar tanto dinero? ¿Por qué hay que dar tanto dinero?

La mejor respuesta a "por qué debo intentarlo" viene con otra pregunta: ¿Y por qué no? ¿Qué más vas a hacer con tu vida? ¿Por qué no ver hasta dónde eres capaz de crecer? ¿Por qué no ver cuánto eres capaz de ganar o de leer o de compartir? ¿Por qué no ver en quién te puedes convertir y hasta dónde puedes crecer? ¿Por qué no? Después de todo, estarás aquí hasta que te vayas. ¿Por qué no vivir aquí con estilo?

La tercera pregunta va un poco más allá y es: "¿Por qué no yo?". Algunas personas han hecho las cosas más increíbles con unos recursos muy limitados. Se las arreglan tan bien, que al final lo consiguen todo. ¿Por qué no tú?

¿Por qué no puedes ser tú quien observe la niebla de la mañana sobre las Islas Hébridas de Escocia? ¿Por qué no te empapas de Historia en directo desde la Torre de Londres o exploras los profundos misterios de España? ¿Por qué no almuerzas en uno de esos encantadores cafés con vistas a los famosos Campos Elíseos de París? ¿Por qué no tú?

No hay nada como pasearse por el salón de los espejos del Palacio de Versalles o contemplar la Mona Lisa en Louvre.

¿Por qué no navegar en un velero por el Caribe? ¿Sabes dónde se encuentran los fondos submarinos más exquisitos de Miami? Yo podría mostrártelos.

¿Por qué no ir de compras por la Quinta Avenida de Nueva York, alojándote en el Hotel Waldorf, el Plaza o el Carlyle, y degustar pato asado sobre lecho de strudel de manzana en el restaurante Luchow?

¿Por qué no tomar una copa admirando la puesta de sol en Arizona? ¿Por qué no disfrutar de todo lo que la vida te ofrece sabiendo que es la recompensa que ella te devuelve por tu esfuerzo disciplinado y constante?

¿Por qué no tú?

Y ahora, amigo lector, aquí está mi última pregunta para ti: ¿Por qué no ahora? ¿Por qué posponer un futuro mejor cuando cosas maravillosas están aguardando tus directrices? Ponte hoy mismo en marcha. Hazlo ya. Consigue esos libros, haz un plan detallado de tus objetivos, invita a un millonario a almorzar, encuentra nuevas maneras de aumentar tu productividad, desarrolla un nuevo estilo de vida basado en la generosidad y el amor, haz un nuevo esfuerzo por creer en ti. ¡Y ponte en marcha!

Por último, pídele ayuda a Dios. Sí, ya sé que nuestro éxito futuro depende de nosotros, pero también sé que todos necesitamos un apoyo espiritual, en especial, cuando nos enfrentemos a la adversidad y nuestra capacidad de resolución se debilite.

Existe una historia sobre un hombre que compró un terreno con un montón de rocas y en dos años lo convirtió en un hermoso jardín lleno de las más bellas flores. Un día, se presentó un ermitaño que había oído hablar del jardín, ya que su fama se había extendido a kilómetros a la redonda. Sin embargo, él también quería asegurarse de que el jardinero no se había olvidado del Gran Creador. Así que le dijo:

—"Jardinero, Dios ciertamente te ha bendecido con un hermoso jardín".

El jardinero asintió, diciendo:

—"Es cierto, ermitaño. Si no fuera por el sol, la lluvia, la tierra, el milagro de las semillas y las estaciones del año, no existiría aquí ningún jardín. Tendrías que haber visto este lugar hace dos años, cuando solo Dios se ocupaba de él".

A ti y a mí nos han sido concedidos los dones de la vida, pero depende de nosotros decidir si vamos a usar las leyes de Dios para crear y prosperar.

Acerca del autor

Millonario, emprendedor y hombre de negocios dedicado a ayudar a los demás a alcanzar todo su potencial en la vida y en los negocios. Durante más de 40 años, Jim Rohn estuvo ayudando a personas de todos los ámbitos a mejorar su vida. Sus libros, audios y numerosas presentaciones en público lo convirtieron en una poderosa influencia en la vida de millones de personas. Los autores más importantes en la temática de la superación personal lo reconocen como el principal maestro en el campo del éxito y la felicidad. Es aclamado como uno de los pensadores más influyentes de nuestro tiempo.

www.ingramcontent.com/pod-product-compliance
Lightning Source LLC
Chambersburg PA
CBHW030521080526
44586CB00011B/279